すぐわかるユーロ危機の真相

どうなる
日本の財政と円

米倉茂
Shigeru Yonekura

言視舎

はじめに

まず、ユーロ危機の中身を紹介する前に2点、確認しておきます。第1に、今回の信用不安が〝ユーロ信用不安〟と称されるとおり、ユーロ圏に集中している理由です。第2に、今回のユーロ危機と2008年秋のリーマン・ショックの大きな違いです。実はこの2点は密接に絡みあい、表裏一体の関係にあります。たとえるなら、第1が衣服の表、第2が裏地です。本書はこの2点をわかりやすく解説するものです。

今回のユーロ危機においては、銀行だけでなく、国家の発行する安全確実なはずの国債も信頼を失いました。国の家計に火がついたのです。リーマン・ショックの時にはなかったことです。安全確実でリスク・フリーのはずの国債の元本・金利が返済されず踏み倒される債務不履行（デフォルト）がユーロ圏で現実化したのです。ユーロ圏の諸国家の債務（sovereign debt）が不履行になる、いわゆる**ユーロ・ソブリン危機**です。

現在、**戦後70年近くになりますが、先進諸国の国債が債務不履行の危機に直面するのは初めて**のことです。未曾有の世界金融危機だったリーマン・ショックの際、多くの金融機関はバタバタと倒れ、国家はその救済に回りました。しかし、今回は銀行を救うはずの国家も財政が危ない。したがって、**今回の危機はリーマン・ショックよりも深刻**なのです。

ギリシャ国家債務危機に端を発する今回のユーロ危機については、これまで多く報道され、類書もいくつか出ています。もちろん、本書はそれらの論点を踏まえていますが、よりダイレクトにユーロ危機の特質をつかみとれるよう便利なキーワードのように標題を並べ、それを一つ一つ解説するスタイルになっています。

1　危機の前提としてのユーロ圏の特質

特に強調されるユーロ圏の特質は、第1に**ユーロ圏の銀行の脆弱性**、第2に深刻な**金融危機に対応できないユーロ圏の財政金融政策**でしょう。

第1の特質「ユーロ圏の銀行の脆弱性」は、4つのキーワードで示されます。①**過小な自己資本と過大なレバリッジの温存**、②**安全なはずが安全でなくなった国債保有への傾斜**、③**逃げ足の速い短期資金に依存する自転車操業**、④**まさかの時のドル頼み**です。

第2の特質「深刻な金融危機に対応できないユーロ圏の財政金融政策」も、4つのキーワードで示されます。①**金融危機の際に「最後の貸し手」になれない中央銀行ECB**、②**政府金融を拒み国債価格の支持政策をしないECB**、③**金融危機なき予定調和説から抜け出せない政府・中央銀行**、④**財政と金融がバラバラの政府・中央銀行**です。

さらに、今回の危機の真相を理解するためには、2008年の**リーマン・ショックとの関連**をおさえることも不可欠です。この視点は他の報道や類書ではあまりないようですが、今回のユーロ危機はリーマン・ショックと同根であり、その延長であることもしっかり押さえておかないと、**なぜ今回の危機がギリシャ一国の国家債務危機でおさまらないのか、あるいはなぜ危機がユーロ圏に集中しているのか**説明できません。

2　ユーロ危機3つの原因

さて本題のユーロ危機の原因についてですが、本書はこれを主に3点から説明します。ユーロ危機が起きる背景には、ユーロ圏の銀行が前回の金融危機で露呈した、先に挙げておいた第1、第2の特質を何ら是正しないまま、安全確実とされるユーロ圏の国債投資にのめり込み、大やけどをしてしまったことも念頭におきましょう。

第1の原因は**ユーロ圏の国債バブル**です。統一通貨ユーロの導入以降、ユーロ圏の諸国（特に南欧周縁諸国）は、経済力とは分不相応に超低金利で大量に国債を発行し続けていました。イソップ物語のキリギリスのユーロ版です。この国債バブルが弾けるのは2009年10月、ギリシャの国家財政粉飾問題が明るみになって以降のことです。国債バブルの破裂から放漫財政のつけが回り、キリギリスに冬が襲います。ユーロ圏諸国はリーマン・ショックの後、破綻した銀行の支援や景気対策のため国債を増発させていたので、なおさらのことです。

問題は国家財政にとどまりません。ユーロ圏の銀行も危機になります。ユーロ圏の銀行は英米のそれよりも国債の保有の比率が非常に高いので、国債暴落で大損します。

これが第2の原因に絡みます。**欧州の銀行の不良資産問題であり、その対極の過小資本という問題です**。意外に思われる読者も多いでしょうが、サブプライム問題の震源地の米国の金融機関はリーマン・ショック後、〝毒入りまんじゅう資産〟（toxic assets）の処理や資本の増強を推進してきました。ところがユーロ圏の銀行はそれが遅れています。しかも自己資本が過小ときています。では保有する国債が暴落すると？

〝うす皮饅頭〟のたとえにピタリあてはまるのが、ユーロ圏の銀行の自己資本です。うすい皮の中に毒まんじゅうと国債という資産が包み込まれています（本書第7章の標題参照）。

では最後に第3の原因をとりあげます。それは**ユーロ圏の銀行のドル依存症**です。リーマン・ショック直後、米国の中央銀行Ｆｅｄは各国中央銀行と連携し、ドル流動性を無制限に世界の金融市場に供給しました（ドル・スワップ操作）。ドル供給の最大の受け手は米国の銀行でなくユーロ圏の銀行でした。昨年２０１１年11月末のドル・スワップ操作も主にユーロ圏の銀行向けのドル流動性供給です。ユーロ圏の銀行は、短期にドルを借り長期にドル資産へ投資する過大なドル・レバリッジ金融という、綱渡り的な資金繰りに依存したままなので、米国の銀行よりも資金繰りがきついのです。

まさに内憂外患。それがユーロ圏の銀行なのです（**図1**）。さて、第1点のユーロ圏国債バブルが破裂すれば？　ユーロ圏の銀行は保有する国債の損失が膨らみ、第2、第3の原因に波及します。

図1　ユーロ圏の銀行の内憂外患の構図

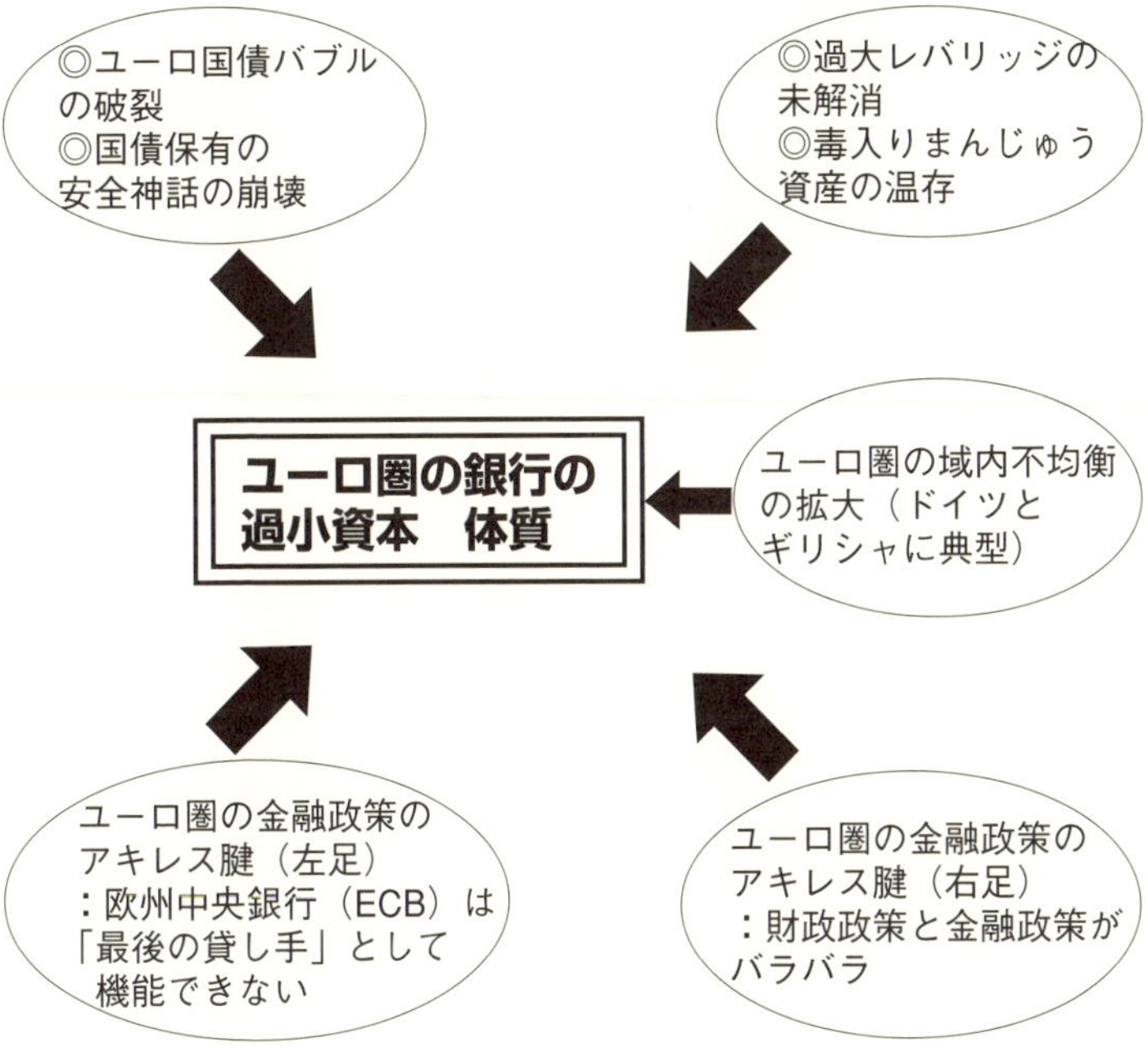
◎ユーロ国債バブルの破裂
◎国債保有の安全神話の崩壊
◎過大レバリッジの未解消
◎毒入りまんじゅう資産の温存
ユーロ圏の銀行の過小資本　体質
ユーロ圏の域内不均衡の拡大（ドイツとギリシャに典型）
ユーロ圏の金融政策のアキレス腱（左足）：欧州中央銀行（ECB）は「最後の貸し手」として機能できない
ユーロ圏の金融政策のアキレス腱（右足）：財政政策と金融政策がバラバラ

ユーロ圏の銀行は英米の銀行に比べ国債保有比率が非常に高いので、国債が暴落すると自己資本が急減し、放っておけば破綻する。ところがキーワード（政府金融を拒み国債価格の支持政策をしないＥＣＢ）が示すとおり、**ユーロ圏には国債暴落を止める仕組みがない**のです。

3　本書の構成

本書の構成も紹介しておきます。まず、今回のユーロ危機の原因となったユーロ圏国債バブルの流れをたどります。これがサブプライム危機の時期とかなり重なっていた点に注意してください。

次に、このバブルが破裂してユー

ロ圏の銀行システムの構造的弱点（先の4頁に挙げた第1、第2の特質）が再浮上し、ユーロ圏の銀行を危機に追い込むというストーリーの展開です。

この構造的弱点に対して適切な処置がとられなければ、今回のユーロ危機は超リーマン・ショックに発展してしまうシナリオも描きます。その反面、困難な場面に突然登場し局面を切り拓くスーパーマリオも登場させます。オフサイドぎりぎりで得点する場面も紹介します（ユーロ国債暴落、信用危機の阻止）。

最後に、先進国で一番財政事情が悪い日本にとってもユーロ危機は、対岸の火事ではすまない、軒先に迫り来る火の手である点を警鐘乱打します。そして今回の危機はリーマン・ショックの続編であることを「むすび」で再確認します。

目次

はじめに　3
1　危機の前提としてのユーロ圏の特質　2　ユーロ危機3つの原因　3　本書の構成

前編　ユーロ国債バブルの内実　17

第1章　オリンポスの神々の怒りにふれたギリシャ財政統計改ざん
——イソップ物語のキリギリスならぬ〝ギリギリス〟の債務棒引きマラソン協議……18
1「我が国は頭の先からつま先まで汚職まみれの国だ」(前ギリシャ首相パパンドレウ)　2　財政偽装表示を繰り返すギリシャの伝統　3「規則を守るのはアホ」　4　サッカーの2-4-4システムの徴税慣行にレッドカード　5　ギリシャに由来する欧州(Europa)の語源　6　マラソンの発祥地の国は債務交渉でもマラソン協議が得意　7　クローニー資本主義(縁故主義)はいずこも同じ　8　ギリシャの財政建て直しはきびしい

第2章　国債バブルを煽る結果となった統一通貨ユーロの導入
――仕組みがソックリさんのサブプライム証券とユーロ国債…………28

1　マイナス金利なら金を借りない手はない――ユーロ誕生がもたらしたバブル効果　2　マルクをユーロに変えたドイツは大得　3　国債バブルのカラクリ――圏内インバランスの拡大がもたらしたもの　4　ユーロ版イソップ物語のアリとキリギリスではどちらが〝原罪〟を悔いるのか　5　サルコジが叫んでもユーロ圏内のインバランスの要因はなかなか解消できない　6　アリのドイツにも「原罪」の一端

第3章　欧州ソブリン債問題の根因――信用リスクの過小評価のくり返し…………39

1　ユーロ圏の銀行はリーマン・ショック以前から過小資本　2　ユーロ圏の銀行はソブリン危機と銀行危機の悪循環にはまりやすい　3　ユーロ圏の銀行が国内国債をたくさん保有する理由　4　国債不安が英米日ではなく、ユーロ圏で広がった要因

第4章　国債市場の流動性危機が銀行危機、国家財政の破綻の危機に至るみちすじ…………50

1　流動性の定義の再確認　2　流動性の問題は銀行の支払能力の喪失に直結　3　活かされなかったリーマン・ショックの教訓　4　ユーロ圏には国債の流動性消失を食い止める術がない　5　リーマン・ショックよりも深刻なユーロ危機　6　銀行危機とソブリン危機の連動性　7　金融の不安定性論者ミンスキーの洞察力――金融危機と財政危機の悪循環を断ち切るのは中央銀行

中編　ユーロ圏の銀行の内憂外患――ぬぐえない過小資本とドル依存の体質　63

第5章　ユーロ圏ではサブプライム問題と国債バブルが同時進行
――「みんなで借りればこわくない」の世界的信用膨張……64

1　ユーロ圏の銀行のドル依存症――ユーロの母斑を残しつつも額にはドルの刻印　2　ユーロの銀行はドル取引で自転車操業　3　銀行間市場やMMFでもドルに窮した欧州の銀行は為替スワップ市場でも絶望　4　欧州の銀行はドル資金を安定的に確保できるネットワークがない　5　巷に出回る「グローバル・インバランス」論を無効にしたリーマン・ショック

第6章　「グローバル・インバランス」の深層
――グローバル・インバランスとグローバル・フィナンシャル・インバランスのちがい……71

1　2001年9・11から始まった世界的信用膨張　2　グローバル・インバランス論の本家本元のIMFに再考を促したリーマン・ショック　3　日本銀行総裁もグローバル・インバランス論を刷新　4　グローバル・フィナンシャル・インバランスの典型例――リーマン・ブラザーズの経営手法（1）　5　グローバル・フィナンシャル・インバランスの典型例――リーマン・ブラザーズの経営手法（2）　6　日本の「飛ばし」とリーマンの「飛ばし」の違い――同一口座の時間差攻撃　7　グローバル・フィナンシャル・インバランスの

典型例――リーマン・ブラザーズの経営手法(3)　8　金融版ジャストインタイムの限界を示したグローバル・フィナンシャル・インバランス

第7章　ユーロ圏の銀行の自己資本は〝うす皮饅頭〟
――〝毒入り資産〟が飛び出し、〝破れまんじゅう〟へ……88

1　英米日に比べ、バランスシート整理の遅れの目立つユーロ圏の銀行　2　体質改善が進まないのに大きな借り換えを控えるユーロ圏の銀行　3　資金調達に不安材料を抱えるユーロ圏の銀行――米国と欧州の非対称性　4　ユーロ信用危機勃発でも解消しないユーロ圏の銀行のドル依存症　5　ユーロ圏の銀行の信用リスク軽視はサブプライム証券でもユーロ国債でも同じ　6　フランスの銀行は自己資本増加に熱心でない　7　ユーロ圏の銀行に自己資本強化を迫る米国財務長官　8　ユーロ信用不安の筆頭に挙げられているフランスの銀行　9　米国のＦｅｄのドル・スワップに頼らざるを得ないユーロの銀行のドル依存症

第8章　欧州中銀ＥＣＢは本当に中央銀行？
――金融危機の最中に「最後の貸し手」を拒む体質……107

1　欧州ソブリン危機で見直しを迫られるＥＣＢの責務　2　中央銀行の決める金利と国債や資産価格は不可分の関係にあるはず　3　「最後の貸し手」についてユニークな解釈を示すドイツの中央銀行の伝統

4　ECB以外にユーロ国債の暴落を阻止する機関はいない　5　ユーロとドルでは中央銀行で格段の差　6　中央銀行と政府財務省は政策担当分野はちがっても根でしっかりつながる　7　ECBの対応が遅い先例（2007年8月9日のBNPパリバ・ショックの時に見殺しにされたユーロ圏の銀行）　8　ECBの一翼のドイツ中央銀行総裁のサブプライム危機の認識の程度　9　サルコジはドルに依存したユーロの件を忘れることはできないはず　10　系統性のないユーロ圏の金融危機対策

後編　本格化したユーロ危機対策と日本　127

第9章　欧州中銀ECBにスーパーマリオが登場
――マネーの〝万里の長城〟にすえた巨砲がユーロ信用不安を解消……128

1　ECBのスーパーマリオはひねりを利かせて登場　2　イタリアの国債もパニック売りにあう　3　0・07は殺しの番号――国債利回りが7％を超えると国家財政が破綻する先例　4　ECBをテロリストになぞらえてしまったイタリア財相　5　ユーロ信用不安を吹き飛ばす巨砲の下準備に励むスーパーマリオ　6　ECBに出す担保に不足する銀行のウルトラCの危うさ　7　マネーの万里の長城（wall of money）にすえられた巨砲の弾の中身　8　サルコジによる国債キャリー・トレードのお勧め　9　サルコジのキラー・パスをもらったスーパーマリオのスーパープレー　10　ECBは否定していたはずの国債価

格支持政策を「裏口」から実行し、オフサイドぎりぎりのゴール　11　スーパーマリオの放つ巨砲が信用不安を吹き飛ばし、フランスの銀行も一安心――サルコジとマリオの見事なワンツーパス　12　殺しの番号の0・07を消したスーパーマリオ　13　ECBによる大型資金供給は米国の金融市場ひっ迫の回避をねらったもの　14　再びさく裂する巨砲――ECBは2月29日第2回目の大量資金供給

第10章　イタリアのスーパーマリオは2トップ
――「国家債務の鉄のカーテン」を取り払うキーマン……149

1　「すべての債務はローマに通じる」　2　スーパーマリオ2はドイツに警告　3　イタリア国民もモンティに応じ国債購入で愛国心を発揮　4　イタリア首相は税収増加に積極的　5　聖域なき財政改革の手はバチカンにも　6　ユーロ圏を闇に覆いかねない「国家債務の鉄のカーテン」　7　ドイツ首相メルケルに先例を示しているマーシャル・プラン　8　閑話休題――チャーチルとケインズの差　9　マーシャルプランに平仄のあうMプランはドイツから

第11章　アイルランドはギリシャ問題解決の手本
――銀行危機・国家債務危機のダブル・ショックから甦る〃ケルトの虎〃……161

1　金融上の冗談がうますぎるアイルランド人　2　激烈だったアイルランドの不動産ブーム　3　バブルの宴のあとさき＝国家自体が救済される事態　4　冗談のつけは金融市場からの退場　5　銀行危機が

即、国家債務危機に直結した典型例　6　アイルランド人は金融危機に負けない　7　アイルランド国債を買った人は大もうけ　8　アイルランド人の不屈の精神はユーロ債務問題解決の手本

第12章　日本にまったく見当たらないユーロ危機の要因
——だが、対岸の火事の火の粉は軒先に……170
1　一見、日本の財政の将来は悲観材料だらけ　2　日本にはユーロ危機を引き起こす要因は見当たらない——ただ気になる1点は銀行の国債大量保有　3　日本で国債が順調にさばかれる理由——国債を買うお金は日本にたくさんある　4　国債の消化力は国債残高の対GDP比率で判断できない——これを一番よく知っているのは世界の投資家　5　日本の財政赤字は国内不安解消の効率的支出の結果　6　日本の国債問題は国内の貯蓄超過部門の変動にすぎない　7　日本の国家債務は日本人の「ヤマト」心で一掃　8　財政支出の無駄の見直しが先決　9　円高は金利の面と国際収支構造の面から構造的　10　東日本大震災の直後も円が異常に急騰　11　経常収支赤字化が国債発行の外国依存につながる？

むすび——ユーロ危機はリーマン・ショックと同根、その延長……187

前編
ユーロ国債バブルの内実

第1章　オリンポスの神々の怒りにふれたギリシャ財政統計改ざん
――イソップ物語のキリギリスならぬ〝ギリギリス〟の債務棒引きマラソン協議

1 「我が国は頭の先からつま先まで汚職まみれの国だ」（前ギリシャ首相パパンドレウ）

ギリシャ神話によれば、ギリシャのオリンポス山には12人の神が住んでいます。この神の山に因んだ社名の日本の会社が、何と20年以上も「飛ばし」で損失隠しの粉飾決算をしていました。この日本企業の不正会計は２０１１年に発覚し、大騒ぎになりました（筆者は同社の小株主なので大迷惑）。しかし内視鏡の開発で世界的な地位を得ている同社のこと、「飛ばし」を探知できる新型内視鏡も飛び出すことでしょう。ちなみに、同社の粉飾を助言していた人たちは、米国の投資銀行にあたる本邦大手証券会社の出身で、「粉飾アレンジャー」と呼ばれるそうです。

ギリシャ政府もこの山の神の怒りにふれます。米国の投資銀行ゴールドマンサックスを「粉飾アレンジャー」のように利用し、国家の借金を過小公示していたのです。ギリシャの財政破綻の問題が明るみになったのは２００９年10月のことです。

これはまるで第６章で紹介するリーマン・ブラザーズの粉飾会計の国家版です。ゴールドマンサックスは通貨スワップの手法を用い、ギリシャが２００１年にユーロに参加する時に、同国の国家債務を20億ユーロ以上、過小に見せかけることを手伝ったのです。まさに「粉飾アレンジャー」です。この操作に携わっていた退役ゴールドマンサックスの人は、もっと透明度を高めておくべきだったと証言しています（FT2010年2月26日）。

ギリシャの山の神は激怒されたのでしょう。金融の神の怒りがすさまじいことは、リーマン・ショックでもお馴染みのことです。バベルの塔ならぬバブルの塔を破壊しましたから。ギリシャはオリンピック・ゲーム発祥の地であり、したがってマラソン発祥の地でもあります。２０１２年にはその聖火がロンドンへ向けていくはずです。しかし、国家債務のマラソンの危機の火はギリシャ国内にとどめないとたまりません。

2　財政偽装表示を繰り返すギリシャの伝統

財政上の偽装が問題になったのは、ようやく２００９年秋以降のことです。聖火ならぬソブリン問題の火が、アテネからマラソンレースとなって展開されます。２００９年10月16日、ギリシャの時の新首相のパパンドレウが議会で自国のひどい財政事情を告げ、11月５日ギリシャの財政赤字はＧＤＰの12・７％であることを暴露します。これは前政権が当初予想した数値の、何と２倍もの開きがあります。

このようなことはギリシャの場合、特に驚くべきことでありません（〈斎藤〉141）。なにぶんにも歴代政権も同じ手口に手を染めているのですから。2004年にも同じような問題が発覚していました。2004年3月に新内閣が発足しましたが、前政権時代の1997年〜2003年まで、財政赤字を過小申告していています。その7年間、ユーロの参加基準である財政赤字の上限（GDP比率3%）を全く達成できていなかったのです。欧州連合から注意を受けただけです。本来これを破った国に課せられるはずの制裁金の支払いは求められませんでした。前政権の不始末なので、現政権に責任を問えないというのでしょう。

パパンドレウ首相も同じ手口でのがれようとしたのでしょうか？　前政権の不始末ですませると思っているようです。2009年12月10日のブリュッセルの欧州連合会議の席で、「我が国は頭の先からつま先まで汚職まみれの国だ」と言い切っています（FT2010年10月12日）。実際、ギリシャの徴税システムもひどいようです。

3　「規則を守るのはアホ」

ギリシャの徴税制度の特徴を面白く伝えているのがウォールストリート紙です（WSJ2010年4月16日）。ギリシャの政府赤字膨張の原因はひいき、賄賂にあり、GDPの少なくとも8%以上、あるいは200億ユーロを税収から引き去っていると伝えています。2009年、ギリシャの家計は平均で1355ユーロの賄賂を支払っているそうです。クルマ免許を得るため、医者の面会を得るため、あるいは税金を減らすため現金の入った封筒を渡すのが風習だそうです。市民社会の規律はなく、規制を守ることはアホと呼ばれる風土があります。同紙の記事の内容は続きます。

4　サッカーの2―4―4システムの徴税慣行にレッドカード

ギリシャの徴税の実態を知れば、今回のギリシャの惨状もなるほどとうなずくはずです。ギリシャ税務署職員はサッカーゲーム好きのようです。その心は2―4―4。前衛、中盤が厚く、防御は薄い攻撃的なシステムです。個人や企業が1万ユーロ税金を払わなくてはならない場合、4000ユーロを税務署員へ袖の下にくぐらせれば、4000ユーロを手元に取っておける。国庫に行くのは2000ユーロだけ。まさに防御の薄い2―4―4システムです。1100万の人口のユーロ圏の国なのに、1万5000人だけが年収10万ユーロ以上の申告するだけであり、ことに選挙が近付くと税徴収が減るそうです。

2009年秋の選挙の前月、政府は2万7000人を公共部門に雇いました。公共部門では過剰雇用です。ギリシャでは働く人の4人に1人が公務員です。この雇用は専ら不況対策のためなので、彼らにはポジションもなく、配置される部署もありません。特に学校の場合が甚だしく、文部省は何年も必要もないのに新しい教員を雇ったそうです。ギリシャには18万人の教員がおり、対生徒比率で最高水準をいくはずですが、実際には2万人もの先生は学校におらず、行政の仕事にたずさわります。彼らはクラスを持たないのです。学校は職員過剰であり、ある小島の小さな学校には15人もの体育教員がいたり、別の小さな島の場合、生徒よりも先生のほうが多いそうです。

以上、ウォールストリート紙の記事を紹介してみました。これを読めば、２００９年に政権に就いたパパンドレウ首相が「我が国は頭の先からつま先まで汚職まみれの国だ」と言い切ったのもうなずける話です。

今回のギリシャの財政破綻で、国民は厳しい緊縮生活を強いられます。金持ちが税金を払わない状況のなかのことです。だから、ギリシャの中産、下層階級は、金持ちが税金を逃れ資産を外国へおいていると抗議します。働く人の４人に１人の公務員は多すぎるし、民間よりも賃金、年金の面ではるかに高い。そのつけが他の国民にまわっているという不満も強まります。これは階層間の摩擦を増大させるでしょう。金融不安にもつながります。ギリシャの預金総額は２０１１年９月末は１８３２億ユーロですが、同年始めからは25％も減少しています。預金が流出していることは国内全般に信認が失われていることを示します（FT2011年11月30日,2012年2月18&19日）。

5　ギリシャに由来する欧州（Europa）の語源

アイルランド（Ireland）とアイスランド（Iceland）は区別がつきにくく、それは金融危機にもあてはめるという悪い冗談があります。その心は第11章で紹介しますが、ギリシャにも悪い冗談を言う人がいます。ギリシャ国家債務危機（Greek Sovereign Debt Crisis）が、サブプライム問題で非難を浴びた米国の金融機関の首脳の「強欲」（greed）を連想させるそうです。ギリシャと同じ発音の grease（潤滑油）も、車輪に油を塗る（grease the wheels）の動詞になる場合、賄賂を使って事を進めるの意味になるそうです。しかし筆者であればギリシャ（Greece）からは同じギリシャ神話の美の三女神（Grace）を連想します。

ちなみに欧州の語源となるのは、「オイロパ」という純潔の娘です。ゼウスは白い牡牛に化けてこの娘を誘拐してクレタ島に連れ去ったそうです。ギリシャは欧州通貨同盟に入った時、ユーロのコインのデザインにオイロパを選んだそうです。ギリシャ文明が欧州の文明の導きだったわけですが、当のギリシャは独立してもデフォルトを繰り返していました。紀元前4世紀時も13のギリシャの都市国家は寺院からのローンの80％を棒引きしています（FT2011年11月4日）。19世紀以降も、大規模なデフォルトを5回、経験しています。今回デフォルトするとOECD加盟国としては初めての国になります（日経2011年11月6日）。

では今回のユーロ・ソブリン債危機の場合、21世紀のゼウスは何を連れ去るのでしょう。どうやら投資家の財産のようです。投資家はすでに実質70％も債務減免を求められています。しかしこの減免率は2011年11月の時点では50％だったはずです。それが膨らんでいるのです（日経2011年10月28日,2012年3月3日）。

6　マラソンの発祥地の国は債務交渉でもマラソン協議が得意

２０１１年10月27日、ＥＵはギリシャ問題の約10時間に及ぶ交渉で、欧州債務危機の「包括戦略」をとりまとめました。これでフランス大統領サルコジも同日のテレビ出演で「破局は回避された」と発表します。追加的緊縮策が導入されるギリシャに関し、「ユーロへの参加は誤った判断だった」としながらも、「ギリシャは救済される」、その一方、「ギリシャ国民は努力しなければならない」と述べています。ところが、10月31日、ギリシャのパパンドレウ首相はその緊縮策導入に関し国民投票にかけると発言してしまいました。

古代ギリシャのアリストテレスは現在のギリシャの民主主義の機能をどうみるでしょう。プラトンは個々の有権者の判定能力やモラルに疑問を投げかけ民主主義を批判する面もあったそうです。現在のギリシャでは国民投票になるとＥＵの案を認めるはずがありません。

約束を破られたドイツ首相メルケルとフランスのサルコジは、直ちにギリシャ首相をサミットのカンヌ会議へ呼び出します。11月２日にサルコジは警告し、ギリシャはユーロを離脱しなくてはならないとけん制します。この恫喝が効いたのでしょうか、11月３日、ギリシャ財務大臣は国民投票には賛成しないと表明し、４日、ギリシャ首相は国民投票案を断念します（日経2011年10月28日、同夕。FT11月5&6日）。

7　クローニー資本主義（縁故主義）はいずこも同じ

かつて20世紀末に起きたアジア通貨危機の際、アジア諸国の資本主義のおくれとしてアジア特有のクローニー資本主義（縁故、えこひいき）をあげる人々が多かったはずです。しかし、えこひいきとか縁故主義の語源（ネポチズム nepotism）はローマのバチカンにあるのです。子どものいないはずのローマ法皇が甥（イタリア語で nipote）をやたらと取りたてる理由を人民が勘ぐるのです。なにぶんにも『デカメロン』の国の国民ですので。

だから欧州ユーロでも身内の国には甘くなりがちです。第2章の6節でもふれますが、財政規律を破る、あるいは弱める手本を示したのは他ならぬドイツ、フランスだったのですから、ユーロ加盟の時も財政統計を偽って提示したギリシャにも甘くなるのでしょう。

ユーロ圏諸国の財政にきびしい注文をつけるＥＣＢも同じく甘いのです。トリシェがＥＣＢ総裁だった２０１０年１月半ば、ギリシャがユーロを離脱するという憶測を、「馬鹿げた仮定」と一蹴しました（FT2010年1月5日）。また、２０１０年4月9日、ギリシャとドイツの10年物国債利回り格差が7・35％に広がった時も、「私が得たすべての情報を考慮すればデフォルトはギリシャでは問題にならない」と言っています。総裁によればギリシャはＥＵの金融支援は必要でないし、ＥＣＢはギリシャ債券を担保として受け入れる条件を緩和すると言ったのです。これでギリシャ国債の売りがひとまずおさまったのです。

しかし、不安はすぐにぶり返し、後にギリシャは支援を受けます。２０１０年５月、ＥＵとＩＭＦがギリシャ支援で合意し、２０１１年７月にもユーロ圏首脳会議でギリシャ追加支援が発表されています（FT2010年4月9日,2011年11月30日）。

8　ギリシャの財政建て直しはきびしい

２０１２年２月21日のユーロ蔵相会議でＥＵ、ＩＭＦによるギリシャ向け第２次金融支援が合意されています。総額１３００億ユーロの支援です（２０１０年５月の第１次支援は１１００億ユーロ）。ギリシャが緊縮財政を実行するのが条件です。

ＥＣＢや各国中央銀行は、ギリシャ国債保有による利益を放棄し、この利益は各国政府に配分します。これを原資にして、各国はギリシャ向け融資の金利を下げる。一方、ギリシャは現在１６０％程度の対ＧＤＰ比率の政府債務を２０２０年までに１２０・５％にしなければなりません。この実効性を確保するためでしょう、欧州委員会はギリシャに駐在し、財政再建を開始します（日経2012年2月10,22日,FT2012年2月16日）。

しかし国内経済事情からすればかなりきびしいでしょう。ギリシャの失業率は20％を超え、25歳未満の若者の場合40％を超えています。同じユーロ圏のドイツとは大きな違いです。

ドイツのショイブレ財務相は、ギリシャ支援１３００億ユーロが持続可能になるのかどうかに関し、マークトウェインの警句を引用しています。「予測は何時も難しい、特に未来については」。もちろん、その一方、「ギリシャが底なしであることは許されない」と力説します。ところが、ギリシャが債務削減目標を達成できると信じ切っているわけでなく、支援の上積みの気配も匂わせています（FT2012年2月22日,日経2月24日）。第3次支援の可能性も否定できないのです。

ギリシャはドイツからみればキリギリスのような国で、ドイツ国民の不信は強いようです。「死んだ人に年金を払い、金持ちが税金を払わない国だ」（ドイツ自動車部品大手のボッシュのフェーレンバッハ社長）とまで言う人もいます。こういうことも背景にあるのでしょう、首相のメルケルは2月22日に演説し、「ギリシャを助けるのは正しい。だが宿題をやらないなら、欧州は一緒にやれない」、だから改革をやれと釘をさします。それを受けて、ドイツは2月27日にギリシャ支援を可決します。メルケルは採決の前に演説しています。「ユーロが失敗すれば欧州も失敗し、ユーロが勝利すれば欧州も勝利する」（日経2012年2月28日夕刊）。

ともかくも、ユーロ・ドミノは回避したいものです。ギリシャ財政破綻がユーロ圏全体のソブリン債務問題に発展しかねないからです。経済学者マーシャルをもじるわけでありませんが、これには冷静な頭脳、冷静な心、（Cool Head, Cool Mind）で臨む必要があります。ドルのアメリカは綴り上、期待できます（¢ool Head, ¢ool Mind）。問題はユーロの場合です（€ool Head, €ool Mind）。€がfに文字化けしないよう注意がいります。

第2章　国債バブルを煽る結果となった統一通貨ユーロの導入

――仕組みがソックリさんのサブプライム証券とユーロ国債

1　マイナス金利なら金を借りない手はない――ユーロ誕生がもたらしたバブル効果

1999年の統一通貨の誕生により、ECBがユーロ圏内に単一金利を設定することになりますが、共通通貨の理念に反し、**通貨統合はユーロ圏諸国間の経済上のインバランスの是正を遅らせ、むしろ拡大させる皮肉な結果**を生みます。

インフレ率の高い南欧諸国と低インフレ率のドイツなどの北部諸国の間で、低インフレの国の金利が域内の統一金利になればどうなるでしょう。高インフレの国の金利がマイナス金利になるのです。

実質金利は〔名目金利―物価上昇率〕です。名目金利が低いうえに生産性の向上を反映して物価上昇率の低いドイツでは実質金利はそれほど低くありません。ところが、名目金利がドイツ並みに低く、生産性が低くドイツよりも物価上昇率の高いユーロ周縁諸国の場合、実質金利の〔名目金利―物価上昇率〕はマイナスになります。南欧の低所得国とドイツの金利が同じ水準であるとすれば、しかも南欧の物価上昇率は高いとくれば、南欧の人々の金利負担は実質軽減されます。むしろ金利が実質マイナスになります。

たとえば、インフレ率が高いスペインでは実質金利が低くなり、これが国内不動産市場のバブルを助長する効果を生みます。欧州で不動産ブームに火がついたのもうなずけます。不動産バブルは何も米国のサブプライム問題に限られません。欧州でも盛んだったのです。米国中央銀行Ｆｅｄの前議長グリーンスパンをサブプライムバブルの責任者であると批判する人が多いようですが、欧州のバブルにまで責任を問えるのでしょうか？（〈米倉〉①156～159）。

2　マルクをユーロに変えたドイツは大得

ユーロ圏は総体としてみれば、経常収支は対外的にはほぼ均衡していますが、国別でみると域内の収支は不均衡が拡大しています。特に２００２年以降、ゲルマン系の経常収支が黒字、南欧・地中海系は赤字という対極的な関係が固定化しています。これは域内における経済力の差を反映しているためですが、経済の弱い国にとっては不均衡是正はきびしくなります。本来、対外競争力が低下すれば通貨の切り下げや下方調整で対応できますが、通貨はユーロに統一されているので、それはできません。残された選択は物価水準を引き下げることです。手っ取り早いのは賃金の大幅引き下げでしょう。しかし生産性が低く経済力の低下の目立つ南欧諸国の国民がそれを簡単に受け入れるはずがありません。

図2　欧州主要国の輸出依存度の比較

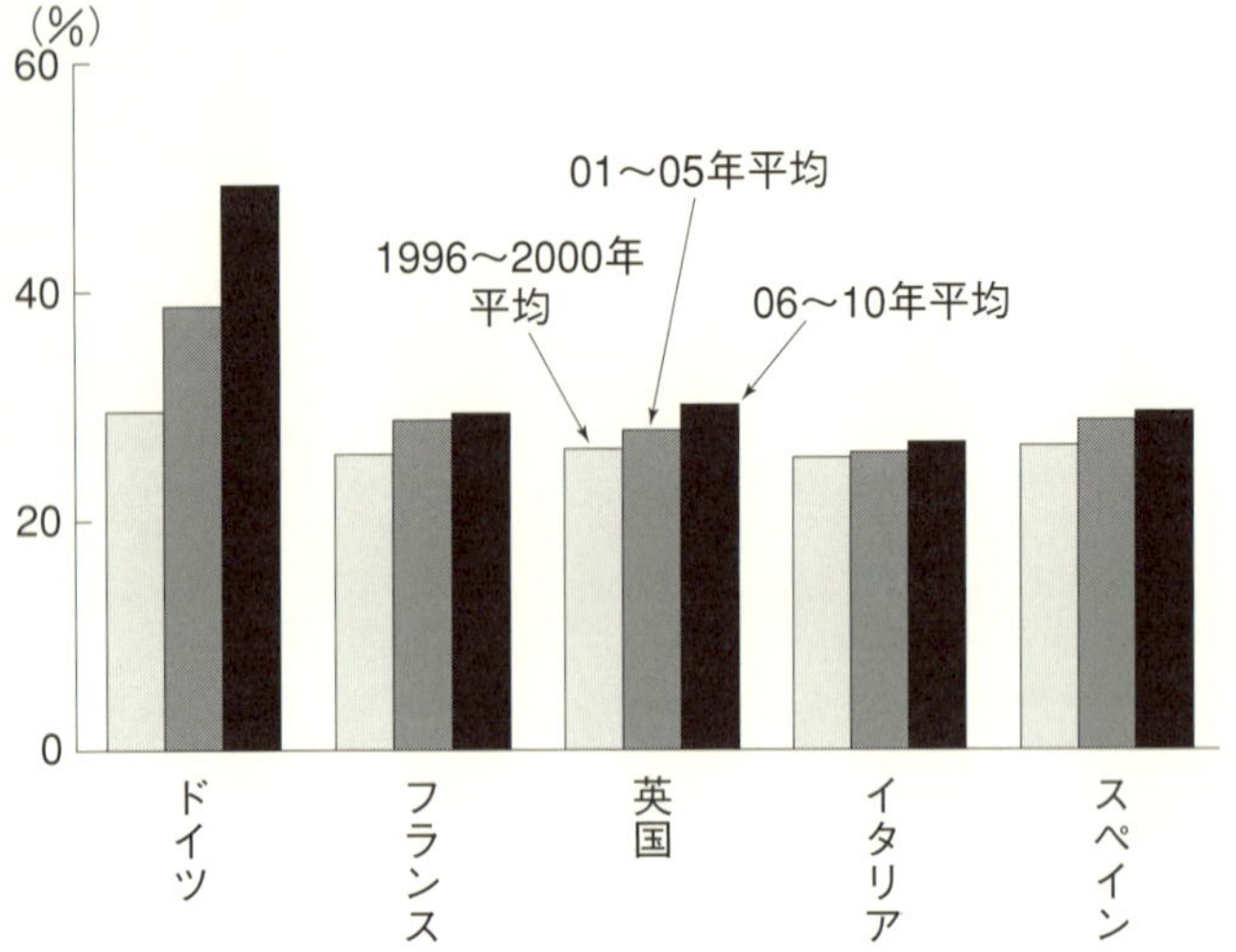

（出典）〈内閣府〉62より。なお、輸出依存度＝輸出額（財・サービス）/名目GDP

ドイツはユーロ参加以降、域内で有利な状況になっています。**図2**にもドイツの優位性がクッキリ示されます。ドイツは１９９６〜２０００年、01〜05年、06〜10年平均で10%ごとに、輸出依存度が上昇しています。他の欧州の４カ国は横ばい状態です。

その理由を説明します。２つあります。まず、ドイツにとってマルクがユーロに代わったこと、次にドイツでは労働市場の改革と生産性の上昇が他のユーロ圏諸国を圧倒していたことです。

まず第１の要因であるマルクがユーロに変わる効果です。マルク時代は日本円と同じく、国内の輸出競争力が上がるとマルクも高くなり、それが輸出を抑える要因になります。しかし、ユーロになると、その抑制要因は封印され、ドイツは輸出が有利になります。

なぜなら、ユーロの相場はドイツでなく、ユーロ圏全体の輸出競争力を反映し、また圏内の景気動向全体に左右されるので、ドイツにとってはマルクの時よりもユーロの時のほうが為替相場が割安になります。一種の為替ダンピング、あるいは**隠れた輸出補助金**です。ドイツだけがユーロであれば、ドイツの対外競争力が即、為替相場に反映されるので、その分、ユーロは高くなります。しかし、ドイツだけでなくギリシャなど南欧も含めたユーロであれば、そのユーロは低くなります。ドイツはドイツだけのユーロの場合と、ユーロ参加国全体のユーロとの相場の差額を享受できるのです。本書がこれを隠れた輸出補助金と呼ぶ理由です。

しかも南欧周辺諸国には、特に目玉になる輸出商品がありません。圏外にも輸出できる競争力の高い商品を持つドイツのひとり勝ちでしょう。さらにユーロが安くなるので、ユーロ圏外の競争者に対しても価格上、有利でしょう。ドイツにとってはマルクよりもユーロを使って輸出したほうが有利になるのです。域内では同じユーロで競争できるので、域内で優位な地位を築けるのです。くわえて、もともと圏内で産業力が圧倒的に強い。

では第2の要因の労働市場の改革と生産性の上昇が他のユーロ圏諸国を圧倒していたことについて確認します。域内では為替リスクなしに競争できる。単位労働コストもドイツのほうが圧倒的に優位なのです。**図3**のとおり南欧では労働コストが生産性上昇率を上回る傾向が強いのに対し、ドイツでは生産性上昇に労働コストの低下がついてきます〈〈内閣府〉88〉。

もちろんこれは、ドイツ国民の努力の賜です。ドイツは東西再統合の負担も消化し、ユーロ導入

図3　ドイツとユーロ南欧諸国の製造業単位労働コストの推移（2000−2011年）

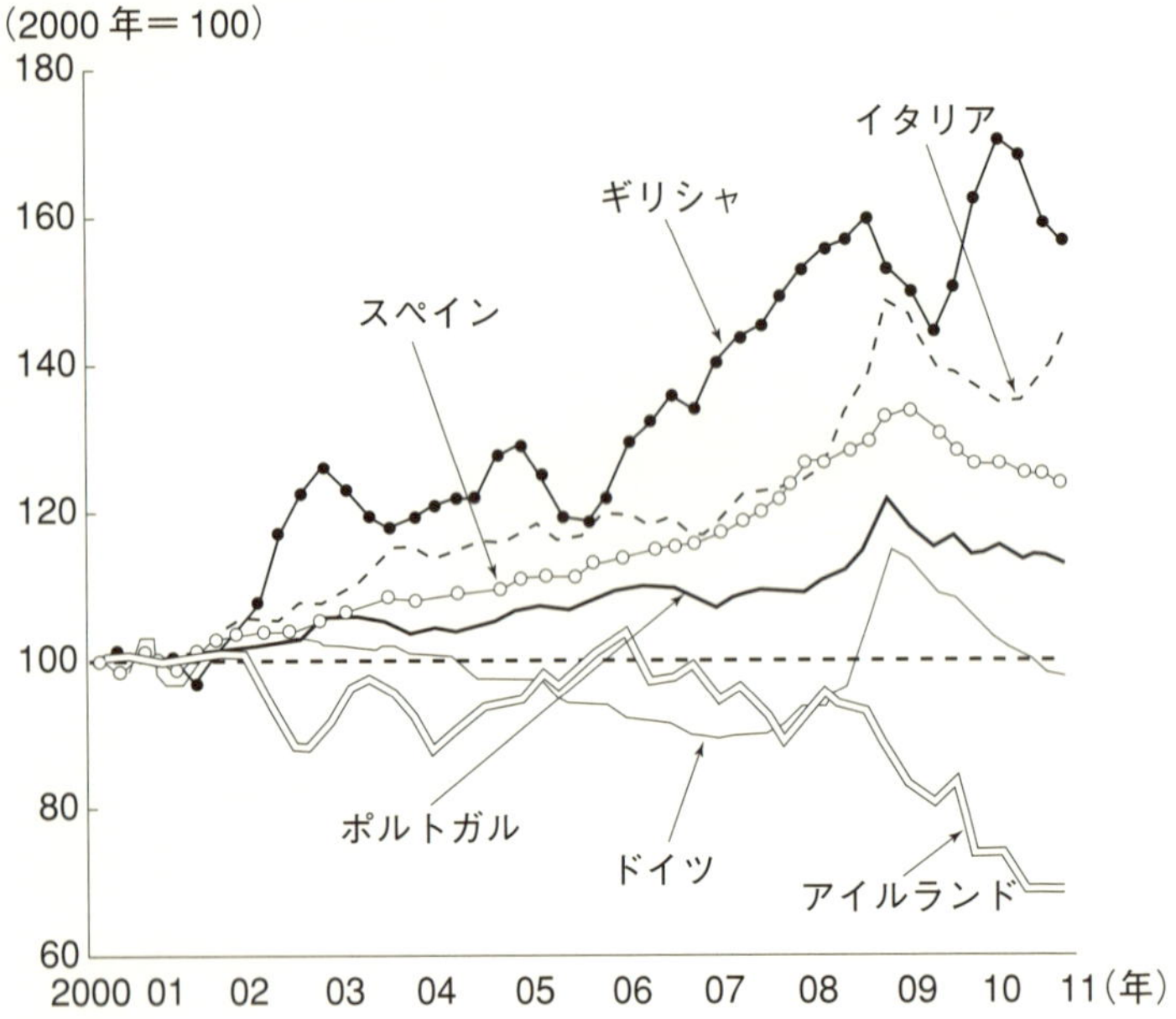

（出典）〈内閣府〉88。原資料はOECD

以降も、賃金抑制と経済改革を推し進めてきました。ドイツは競争力をつけるために多くの切り詰め改革を行なったのです。ユーロ導入の本来の目的は、圏内の諸国がドイツのように強い経済体質をつけて経済格差を収斂させることにあったはずですが……。

3　国債バブルのカラクリ——圏内インバランスの拡大がもたらしたもの

経済構造改革で大きく遅れている国が、改革の進んでいる国と同一の金利を享受できるとすれば、国債を安い金利で発行できる、すなわち、**国家が安価に借金できま**

す。これでは財政規律どころか、反対に放漫財政が助長されます。

ここで構造改革の遅れている国にとって統一通貨ユーロ導入がいかに財政赤字を安価にすませることができるのか、一例をあげてみます。1992年6月、ギリシャは5年物国債を2・5億ドル発行しました（金利8・25％）。その頃、5年物のギリシャ国債とドイツ国債の利回り格差はおよそ228bpでした（100bp＝1％）。ギリシャは財政赤字がGDPの8・5％であり、国債の対GDP比率は110％。格付け会社（S&P）による格付けはBマイナス。実に厳しい格付けです。

さてそのギリシャが2001年にユーロ加盟国になります。2008年6月、ギリシャは5年物国債を15億ドル発行し、金利は4・625％でした。この時のドイツとの利回り格差はたったの13bpにすぎません。ユーロに加盟していなかった1992年の時の何と半分に縮まったのです。しかもS&Pによるギリシャ国債の格付けはその時、Aに格上げされています。ところが肝心の経済構造格差には何ら変わりがない、むしろ広がる傾向でした。財政赤字はGDPの5％であり、債務の対GDP比率は98％です。もちろん、ギリシャが財政の公式データを改竄していたことは広く知られています（FT2010年6月29日）。

先に紹介したFed前議長グリーンスパンは、サブプライム問題の起きた2007年以前の「大いなる安定」（Great Moderation）の時代の信用リスク評価の甘さは民間の金融商品だけでなくユーロ圏のソブリン債にもあてはまることを忘れていないでしょう。欧州ソブリン問題が発生して以降、ユーロ圏諸国間の国債の利回りの格差が広がりました（**図4**）。このことはユーロ圏の南北問

図4　ドイツとその他のユーロ圏諸国の10年物国債利回り格差の推移（1999−2011年）

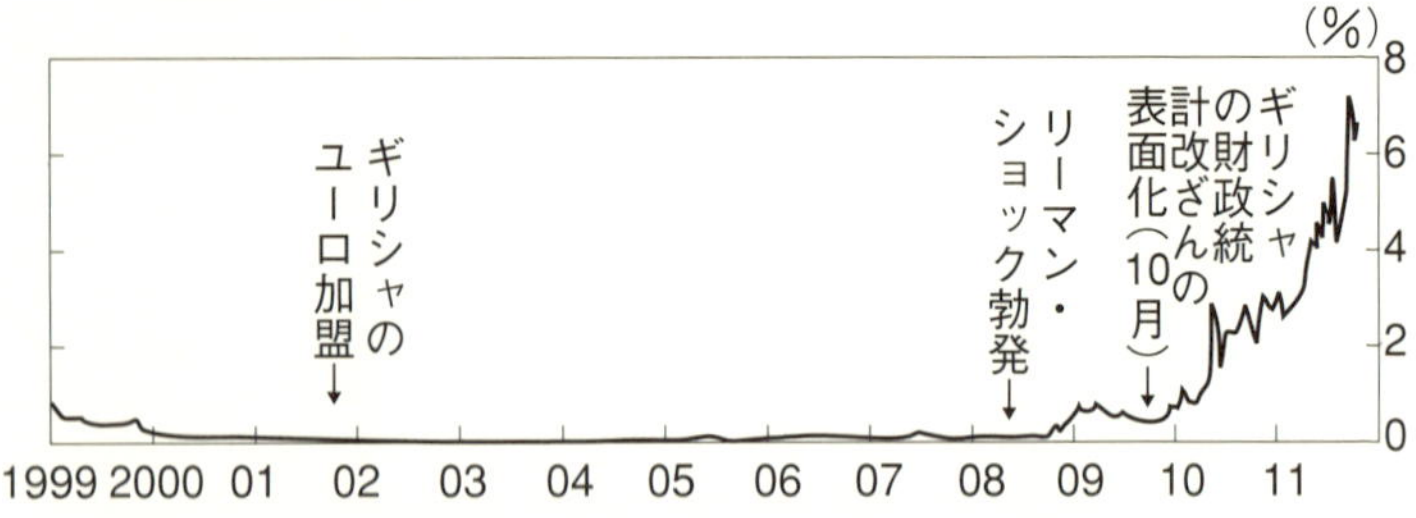

（出典）〈Hannoun〉3
原資料はBloomberg、BISの数値より。ドイツ以外の国：オーストリア、ベルギー、スペイン、フィンランド、フランス、ギリシャ、アイルランド、イタリア、オランダ、ポルトガル

題であり、労働コストと物価の問題の格差であり、ようやくこれがクレジット・リスクへ反映されたことになると指摘しています（FT2011年10月7日）。

では、なぜギリシャはユーロ参加でこのような恩恵を受けられるのでしょう。原理は簡単です。サブプライムローンの関連証券が高格付けを得るのと同じ原理です。信用リスクの高いローンであっても、それを他のローンと束ねてプールして切り身にし（slice）、サイコロのように切りきざんで（dice）、証券化し、さらにこの証券化商品をプールにして束ね、切り身にして切りきざんで、また束ねて再証券化を繰り返す。こうしておけば信用リスクは分散されるので、証券化商品も高い格付けを得るという理屈です（〈米倉①〉22－41。もちろんサブプライム問題の発生で裏目に出る）。この理屈を欧州の諸通貨に適用すると、ドイツのマルクとギリシャのドラクマを一緒にプールして証券化、再証券化された金融商品のように混ぜ合わせ、ユーロ建て国債を錬成すれば、ギリシャもドイツと同様に高い格付けの国債を発行できるというわけです。まさに不思議の国のアリスならぬ金融の世界の不思議です。**国が異なるのに通貨が同一ならば、異なる国の国債の投資も同じ低リスクとみなされてしまう**のです。

4 ユーロ版イソップ物語のアリとキリギリスではどちらが〝原罪〟を悔いるのか

先述の状況はユーロ成立の後、ユーロ圏内部の問題として是正されるべきもののはずですが、そこには**政治の論理が働き、放っておかれました**。リーマン・ショック以降もさほど問題にされなかったのです。しかし、ギリシャの国家債務粉飾が露呈し、国債リスクの過小評価のつけ回しはいつまでも続かないという警告となったわけです。ユーロ圏内の国債の利回り格差が暴力的に修正されたのです（**図4**）。しかし問題となるのは、誰がこの調整に伴う負担を背負い込むのかという点です。

当然、圏内で一番経済的に余裕のあるドイツに負担増が回ります。自律的に構造改革を推し進め、財政規律も保たれているドイツの国民にとっては大きな不満でしょう。多くのドイツ人にとってモラルハザードとして映るでしょう。1970年代に進行する生産過程のデジタル化におくれをとり、ドイツも10年前は「欧州の病人」といわれていたくらいです。東西統合のコストも大変だったはずです。しかも2008年のリーマン・ショック時は1931年の金融恐慌の再来を経験しています。周知のとおり、この時の金融恐慌が1933年のナチス政権の誕生の起動力となっています。ドイツ経済はいつも堅調だったわけではないのです。その波を克服してきたドイツ国民は自助努力の自負があるでしょう（〈古内①〉1.15,28）。

その一方、ギリシャ政府は自分の稼ぎよりも多く費やし、ギリシャ危機が起こるまではドイツとほとんど同一レートで借り入れを享受してきました（**図4**）。しかも危機が発生しても、ギリシャはあまり責任を負わず、ギリシャ債券の保有者ドイツにまで損失を強いる。ドイツ国民から見れば、統一通貨誕生による原罪どころか、棺桶を閉じる最後の釘のようなものです（FT2011年10月28&29日）。

5　サルコジが叫んでもユーロ圏内のインバランスの要因はなかなか解消できない

話を戻します。このような事態を意識しているのでしょう、ECB理事会はユーロ圏すべての政府に対し、実質のある包括的な構造改革を遂行するよう求めています。ユーロ圏諸国の競争力を強化し、経済の柔軟性を増し、長期成長潜在力を高めるためです。ユーロ圏内部の構造改革により、各国間の経済格差を是正しようというのです。この点では労働市場改革が不可欠であり、雇用慣行の硬直性を取り除き、賃金の柔軟性を高め、賃金と労働条件は企業の個別事情に応じて決められるように各国政府に求め続けていきます（ECB①2011年11月,7,27）。

しかしこれに対応できる国とできない国が、モザイク状に併存しているのがユーロ圏の実態です。なにぶんにも17カ国も参加している共通通貨圏です。ドイツの経済状態、経済成長はソブリン問題の渦中にあるEU周縁諸国のそれよりも格段によいのです。ユーロ圏の中には2つの速度の経済があるといわれるくらいです。その結果、ドイツ国債とユーロ周縁諸国の国債利回り格差が急激に拡大するわけです（**図4**）。

ドイツの国債が他のユーロ圏諸国よりも高い評価を受けている点に関し、同じユーロ圏の有力国フランスのサルコジ大統領は、ドイツに学ぶべきだと国民に訴えます。「我々は債務を減らさなくてはならない。国債は返済しなければならない。もっと一所懸命働き、もっとよりよく働かねばならない」。彼は２００１年に導入した週35時間労働制がフランスの競争力を削いだと主張しました。また、自国の国債格付けにおいてトリプルＡの資格がなくなる懸念については、「それは格付け会社の問題ではない。我々が浪費しすぎたことであり、もっと働かなくてはならない」と言い切ったのです（FT2011年10月29&30日）。

6　アリのドイツにも「原罪」の一端

とはいえ、ドイツにも責任がないとは言えません。ギリシャなど欧州諸国の財政規律を緩めるきっかけを与えたのは他ならぬドイツなのです。２００３年、ドイツとフランスはＥＵ諸国の財政規律をかなり弱めています。１国の財政赤字をＧＤＰの３％内にとどめるという財政規律を率先して破ったのがドイツです。それを破れば罰則措置を受けるはずなのに、そのような罰則措置もとられていません。ドイツ、フランスの主導国が財政規律を率先して緩めてしまったのです。ユーロ圏の財政政策を強化したり調和させたりすることもなく、ギリシャへ統一通貨を導入してしまったのです。ギリシャ問題はユーロ圏にとってはパンドラの箱です。原罪という面ではギリシャもドイツも同じなのです。

この財政規律に関する規則は、さらに景気優先の名の下になし崩し的に緩められました。2005年6月の欧州理事会の採択がそれです。財政規律を重視するはずの安定成長協定の運用が緩和され、財政赤字のGDP比3%以内、公的債務残高60%以内という参照値を維持する一方、この赤字幅の算出に当たっては景気要因を考慮することにしました（ある意味では正当なこと）。また、構造改革のための財政支出は除外するという特例も盛り込まれます。要するに景気動向次第では多少の赤字財政はやむを得ないということです。これに関し、ユーロ誕生に尽力した元ドイツ連邦準備銀行総裁のティートマイヤーは「現在の規制を緩める問題含みの規定」とみています（〈Tietmeyer〉359）。

他方、同じくドイツ出身のシュタルクECB理事は、ソブリン危機の原因はだらしのない財政政策にあり、公的金融がそれに連動して劣化したことに求めています。市場は特にユーロ圏のいくつかの諸国の財政立て直しに疑念を抱いているので、これを解決するためには財政安定化と構造改革の遂行が欠かせないと強調しています（2011年12月2日）。

この考えはドイツ連銀総裁ワイデマンに一層、明確です。政治家だけが危機を解決できるのであり、ECBが政府の借金埋め合わせのために「最後の貸し手」になることは欧州では禁じられており、この法律を破ってまでECBが政府に資金を融通してしまうと、市場の信認そのものが崩壊するというのです。ECBが2010年5月以来、ユーロ圏の政府国債を買い続け国債価格の値崩れを防ごうとしていることについても、ドイツ連銀は反対しています。実際、ECB新総裁のドラギも、最後の貸し手となるのはECBの仕事ではないと言明していました（FT2011年11月14日,第8章参照）。

第3章 欧州ソブリン債問題の根因

――信用リスクの過小評価のくり返し

1 ユーロ圏の銀行はリーマン・ショック以前から過小資本

２００８年秋の金融危機の起こる前、銀行は低リスクと見なされる資産（たとえばトリプルＡ資産）に対し、多くの資本を積むことは求められていませんでした（〈Brown〉264）。低リスク資産には国債ばかりでなく、サブプライム関連証券も入っており、銀行は総体的に少ない資本で多くの資産を保有できます。だから負債を積み増して効率的に資産運用する高レバリッジがはやります。

サブプライム問題が明るみになる２００７年以前、世界の銀行業は、多くの非常に複雑な、国境をまたぐ金融ネットワークを構築してきました。特に金融当局の規制の及ばない「影の銀行」(shadow banking) を活用し、金融レバリッジを最大限に膨らましていたのです。自己資本を少なくし、借金を多くする、効率的資産運用がうたい文句でした。

しかしサブプライム問題が起こると、資産の格付けも適切に行なわれておらず、高い格付けの金融商品も実は過大評価であることが判明しました。サブプライム関連証券の多くがトリプルＡだったのに、住宅ブームが崩壊すると値がつかなくなってしまったのです。銀行の自己資本はよけい過小となっていきました。

特にユーロ圏の銀行はリーマン・ショックの後も自己資本の充実が遅れていました。それは高格付けだったユーロ圏内諸国の国債の保有にシフトしたことも作用しています。ソブリン資産は比較的低リスク資産として分類されており、これに備えて資本を積み上げる必要も感じていなかったのです。だからユーロ圏の銀行はユーロ圏の国債の保有を増加させます。

図4が示すとおり、ユーロ誕生から2008年のリーマン・ショックまでの長期間、ドイツ国債とその他のユーロ諸国の国債利回りの格差はないに等しい状況でした。ギリシャ国家債務問題が発覚するまで、ユーロ圏の大半のソブリン債券は実質、リスク・フリー扱いだったのです。経済統合が深まるにつれ、各国間の経済格差も収斂するという楽観論も高まったのです。このソブリン債間の格差収縮は、サブプライム問題爆発以前の世界の金融商品の利回り格差収縮の国家版でしょう。

「大いなる安定」の時期にはサブプライム関連証券のリスク評価が過小だったこと、これは現実離れしていたことを指摘しているのが、前Fed議長のグリーンスパンです。リーマン・ショックの前ぶれとなった2007年8月9日のBNPパリバ・ショックに関し、本来、債券価格の差はリスクプレミアムに反映されるはずなのに、そのプレミアムが小さいのは異常な状況であったと回顧しています。それまでに金融資産のリスク評価が異常に低くなっていたことは驚きだったというのです。それは次の引用のとおりです。

「8月9日に勃発した金融危機は起こるべくして起きた災難である。グローバルな金融資産の階層をなすクレジット・スプレッドは明らかに持続不可能なレベルにまで収縮していた。重大なことが起こらないはずがなかったのである。危機がアメリカのサブプライム証券の不当な高格付け（mis-pricing）によって引き起こされなかったとしても、危機は必ずや他の証券や市場で勃発したであろう」〈〈Greenspan①〉2〉。

驚くことに、サブプライム問題が発覚したために民間の債券の格付けは大幅に見直されたのに**ユーロ圏の国債リスクはリーマン・ショック以降も過小評価が是正されていません**（図4）。むしろ銀行は流動的で、安全な資産保有を増加させるよう奨励されており、「安全」資産の中には多くのユーロ圏諸国の政府債が含まれていたのです。だから国債バブルは続いたのです。サブプライム問題で民間の金融商品のバブルは破裂しました。しかし**国債バブルは持続**していたのです。

民間レベルではバブルが弾け、利回り格差は本来の水準に戻っていたのに、ユーロ諸国の国債のリスクが見直され、その利回り格差が拡大したのはギリシャの財政赤字粉飾問題が明るみになった以降のことなのです（図4）。ユーロ圏の国債はバブルが弾けるのが遅れていたのです。

2 ユーロ圏の銀行はソブリン危機と銀行危機の悪循環にはまりやすい

ユーロの銀行は国内国債を多く保有しています。英米のそれよりもはるかに高い比率です。するとソブリン債の信頼が低下した時、ユーロ圏の銀行の打撃のほうがはるかに強くなります。国債の大きな購入者ではない英米の銀行では、ソブリン問題はユーロ圏ほど重大にならないのです。

しかもユーロ圏の銀行は、リーマン・ショック以前から抱えていた問題もあります。すなわち、**過小な自己資本と過大なレバリッジの温存**であり、**逃げ足の速い短期資金に依存する自転車操業的な資金繰り**であり、**ドル金融にも深く依存している体質**です(「はじめに」参照)。

だから、このような脆弱性を抱えるユーロ圏の銀行は、英米の銀行よりもソブリンと銀行危機の悪循環にはまりやすいのです。

そしてこのような問題が起こると、ユーロ圏諸国の国債を非居住者は以前よりも買わなくなるでしょう。それを埋めるのは国内の銀行しかありません。しかしこの国内の銀行が自国の国債を買う余裕はないでしょう。なぜなら、リーマン・ショックやその後の景気低迷でユーロ圏の国家支出は増加しており、銀行も国家から資本注入などの支援を受けています。国家の財政も危なくなっているのに、国家に支援を受けている銀行が国債購入の増加で国家を支えることはできないはずです。このような場合、非居住者はますますそのようなユーロ圏諸国の国債を買おうとしないでしょう。売却処分を急ぐはずです。

とはいえ、同じユーロ圏の国債でも非居住者による国債保有シェアが増加している国があります。ドイツが典型です(**表1**、45頁)。ドイツの国債はユーロ圏内外の信頼が高く、安全を求める投資家の逃避先として格好の対象です。これは日本の国債にもあてはまります。英米の国債も同様です。

「国家債務危機はいつも銀行危機に行き着くものである」という金融界の格言がユーロ圏にあてはまる理由は明白です。

ユーロ圏の銀行は英米のそれに比べ、国内国債をはるかに大きな比率で保有する傾向があったのですが、ユーロ導入でこの傾向がいくぶん減少し、国外のクロスボーダーのソブリン債の保有が増加しました。しかし、クロスボーダーの国債が増加したといっても、その保有はユーロ圏内にとどまる内向き志向にすぎません。なぜならユーロ圏の国債の外国保有といっても、圧倒的にユーロ圏のパートナーによるものなのです。

とはいえ、2007年まで、ちょうど金融危機が始まる直前の時点でも、国内銀行によるソブリン債保有の比率は依然として高かったのです。それは現在、ソブリン債券市場で一番大きな圧力を受けている国にあてはまります。すなわち、ギリシャ、アイルランド、ポルトガル、スペインです（いわゆるPIIGS諸国）。しかもこれら欧州周縁諸国の銀行による国内国債保有はかなり増加しています。しかしそれはたいへんなことです。この国内国債から逃避した外国投資家の流出を埋め合わせる役に回っているからです。外国の投資家が売っている分を買い、埋め合わせます。これは国とその国の銀行が共倒れになる可能性が高くなるということです。そのような時、国内銀行に代わり、誰がソブリン債を購入するのでしょうか?（〈Merler & Psani-Ferry〉2,3,6）。

3　ユーロ圏の銀行が国内国債をたくさん保有する理由

第1に欧州の金融システムは銀行主体です。大陸欧州では銀行が主な資金仲介役です。それは銀行の資産規模に反映されています。政府国債に魅力があるのは、それが担保として簡単に使えるからです。通常の場合は銀行間市場で、危機の場合は中央銀行からの貸出の担保として。また、欧州政府発行の国債はバーゼル資本比率の規則上、リスク・ゼロ扱いでした。こうした理由もあり、ユーロ圏の銀行のバランスシートには国債が増加します。

しかしこれだけでは銀行が国債を保有する十分な理由にはなりません。政府は多かれ少なかれ暗黙裏に銀行に何らかの圧力をかけているとみられます。ユーロ導入とそれに続いて金利がドイツの金利に収斂し、国家の負担が減ることで、そのような「金融圧力」の理由はなくなったはずです。これで銀行の国内国債保有は減退します。しかし、危機の時、「金融圧力」が戻ったようです。

２０１１年に著しい変化が起きます。非居住者による国債の比率は、国債不信を抱かれている諸国で減退しています（いわゆるＰＩＩＧＳ諸国）。他方、フランス、オランダは多かれ少なかれ安定的であり、ドイツにおける比率は高くなっています。米国国債と同様安全志向の反映です。だからドイツ国債に対する外国保有の比率が高まるわけです（**表1**）。

これを整理して言えば、金融危機の後、ユーロ圏の中で外国保有比率が低くなったのが国債の信認をなくした諸国であり、逆に比率が高くなっているのは国債の信認が維持されている諸国だとい

表1　ユーロ圏諸国と英米の部門別国債保有状況

（2007年と2011年、単位は10億各国通貨。括弧は保有比率）

	国内銀行		中央銀行		欧州中央銀行 ECB		他の公共機関		その他の居住者		非居住者（ECBは除く）		合計	
	2011	2007	2011	2007	2011	2007	2011	2007	2011	2007	2011	2007	2011	2007
ギリシャ	35.5	23.9	4.8	3.2	42.0	—	18.5	25.4	11.9	6.5	70.5	166.1	183.2	225.1
	[19.4]	[10.6]	[2.62]	[1.4]	[22.9]	—	[10.1]	[11.3]	[6.5]	[2.9]	[38.5]	[73.8]		
アイルランド	15.1	0.8	n/a	n/a	14.4	—	0.8	0.1	2.2	1.2	57.1	28.8	89.7	30.9
	[16.9]	[2.6]			[16.05]	—	[0.9]	[0.3]	[2.4]	[3.95]	[63.75]	[93.1]		
ポルトガル	36.0	10.6	1.2	0.0	18.0	—	—	—	21.7	17.3	83.5	87.7	160.5	115.6
	[22.4]	[9.1]	[0.8]	[0.0]	[11.2]	—	—	—	[13.5]	[15.0]	[52.1]	[75.9]		
イタリア	267.9	159.9	76.5	60.3	103.4	—	—	—	471.6	450.7	687.5	647.1	1606.9	1317.9
	[16.7]	[12.1]	[4.8]	[4.6]	[6.4]	—	—	—	[29.3]	[34.2]	[42.8]	[49.1]		
スペイン	173.1	74.3	20.8	9.2	34.5	—	65.3	26.5	128.4	73.3	219.3	166.7	641.4	349.9
	[27]	[21.2]	[3.2]	[2.6]	[5.4]	—	[10.2]	[7.6]	[20]	[20.9]	[34.2]	[47.7]		
ドイツ	404.2	456.9	4.4	4.4	—	—	0.5	0.5	249.2	317.1	1105.0	761.5	1763.3	1540.4
	[22.9]	[29.7]	[0.3]	[0.3]	—	—	[0.03]	[0.03]	[14.1]	[20.6]	[62.7]	[49.4]		
フランス	123.3	83.3	n/a	n/a	—	—	—	—	255.5	205.0	502.2	352.4	881.0	640.7
	[14.0]	[13.0]			—	—	—	—	[29.0]	[32.0]	[57.0]	[55.0]		
オランダ	33.3	18.7	n/a	n/a	—	—	3.4	0.9	66.4	44.7	207.1	144.6	310.1	209.0
	[10.7]	[8.9]			—	—	[1.1]	[0.4]	[21.4]	[21.4]	[66.8]	[69.2]		
連合王国	114.9	-7.9	207.9	2.4	—	—	1.5	0.8	423.5	337.3	323.5	160.2	1071.2	492.8
	[10.7]	[-1.6]	[19.4]	[0.5]	—	—	[0.1]	[0.2]	[39.5]	[68.5]	[30.2]	[32.5]		
米国	284.5	129.8	1617.1	754.6	—	—	5087.7	4616.5	2853.0	1375.1	4500.8	2353.2	14343.1	9229.2
	[2.0]	[1.4]	[11.3]	[8.2]	—	—	[35.5]	[50.0]	[19.9]	[14.9]	[31.4]	[25.5]		

（出典）〈Merler & Psani-Ferry〉3の表より
なお表中のn/aはデータがとれないという意味

うことになります。

ユーロ・ソブリン危機以降、ユーロ圏ではドイツ、非ユーロ圏の先進国では米国、英国、日本の国債が外国人に選好されています（〈Merler＆Psani-Ferry〉2,3,6）。

4　国債不安が英米日ではなく、ユーロ圏で広がった要因

以上のとおり、ユーロ圏の銀行は国債保有比率が高い、特に**国債の信認が低い国の国債ほどユーロ圏の自国の銀行に保有される傾向が強い**のです。同じユーロ圏でも経済力が違えば国債の金利はそれなりの差が出てくるはずですが、ユーロ圏の場合、それが特になかったのです。圏内の経済の強い国の国債も、そうでない国の国債も、金利がそれほど変わらなかったのです。

これはまさにサブプライム関連証券がトリプルAの格付けで取引されていた「大いなる安定」の時代の反映そのものです。信用リスクが国債の場合にも過小に評価されていたのです。

図4に示されるとおり、ユーロ圏のドイツと他のポルトガル、アイルランド、ギリシャ、スペインでは２０１０―11年の間に国債利回り格差が急激に広がっていますが、国家債務の対ＧＤＰ比率とは関連がありません。それ以前でも、国家債務の対ＧＤＰ比率とは関係なく利回り格差は小さかったのです。

それが、広がったというのは、投資家の心理が変化したからです。すなわち、２０１０年末以降、市場にネガティブな気分が強まったのに対し、それ以前はネガティブな気分はなかったのです。投

資家は政府債務が多かったという現実を数年間無視した後、ギリシャ国家債務問題をきっかけにユーロ圏における国家債務の規模の大きさを懸念するようになり、その結果、スプレッドが拡大したわけです。

このようにユーロ圏では政府債務の対GDP比率が高いことが懸念材料になっているわけですが、英米日のように政府債務の対GDP比率が高いところでは、そのような懸念は起きていません。むしろ、これら3国の国債は外国からの購入が増えているくらいです。

同じように対GDP比率で国家債務が膨らんでいるのに、**ユーロ圏で国債の信頼が低下し、英米日ではそうなっていないのはなぜ**でしょう。ド・グロヴエ（De Grauwe）はそれを2つの面で説明しようとしています。

第1は、ユーロ圏のようなひとつの通貨と各国独自の財政政策という体制にある通貨連合の場合、**1国の国債の問題は通貨連合内の国債にも連鎖反応しやすい**ということです。ユーロ圏におけるソブリン・リスクは体系的なミスプライス、すなわち国債価格が一方向に偏ってしまう傾向が強いのです。たとえば良好な年には、各国の国債価格は経済力の差があるにもかかわらず、もっとも経済力の強い国の国債の利回りに収斂する国債バブルに陥りやすくなります。他方、最近の金融危機のような国家財政支出が増加する悪い年には、先の国債バブルの反動が起こり、利回りが急騰します。しかも行きすぎた緊縮財政が導入されると国債はますます忌避されます。経済成長がないと国債の償還資金の財源も確保できなくなると市場は判断するからです。英米日にはこのような一方向に偏る国債価格の問題は特に見られません。

第2の点に移ります。これは政府と中央銀行の関係の話です。**ユーロ圏に属する国の政府はユーロ通貨の発行をコントロールできません**。ECBは政府金融をしてはいけないし、財政赤字もGDP比3％以内という厳しい枠があるので、これらの政府は国債保有者に対し、いつでも現金で返済できるという保証を与えることができません。赤字国債発行が自由にできないのですから。

これに対し、政府が中央銀行に国債発行の制限をかけられていない英米日の場合、国債保有者にいつでも現金に換えられることを保証できます。またこれにより、中央銀行が国債を買い支えるからです。国債の償還や元利払いの時、新たに機動的に国債を発行できます。

このようにユーロ圏には、国債保有者は国債をいつでも現金に換えられる、元利も返済してもらえるという保証は理論上ありません。だから、国債の元利が払われなくなるという流動性危機が起きる可能性があるのです。いざという時に国債を買い支える中央銀行がいないのです。しかもいきなり緊縮財政をするとなると、国債保有者はますますそのような不安にかられます。

そのような危機の場合、国債の金利が急騰し、国債を市場で消化できなくなるユーロ圏の政府は、資金を手に入れられなくなります。中央銀行も政府金融をしないといっている通貨圏ですので。だから政府はデフォルトに追いやられます。

投資家がデフォルトを恐れ始めると、国債を売る。そしてこれが流動性危機を生み、つぎにソルベンシー危機（支払い不能の危機）に至る。支払い危機の恐怖は、支払い不能の可能性を一段と高める。国債を多く保有している銀行も損失が膨らむ。**銀行危機とソブリン危機が同時化する**わけです〈〈De Grauwe〉1-2,〈De Grauwe & Ji〉12,16〉。

さらに言えば、**中央銀行の機能の差が金融危機を生む**という話です。政府金融ができないユーロのＥＣＢに比べ、量的緩和政策で国債をどんどん買い上げている日米英の中央銀行のもとではソブリン危機は起きにくいのです。

ギリシャ問題が発覚してユーロ諸国、特に周縁諸国の国債は暴落したので、もはやゼロリスクとして扱えなくなりました。それぞれの信用の質に応じて資本規制にかける必要性があったのに、ソブリンリスクの上昇が銀行のバランスシートにはきちんと反映されていなかったのです。

生き馬の目を抜く金融市場の参加者がそのような自己満足を見過ごすはずがありません。その自己満足は報いを受けます。２００８―９年の銀行救済から、市場はソブリンリスクと銀行デフォルトリスクとの関連性の強さを深く意識するようになります。ギリシャではソブリンから銀行の感染、アイルランドでは銀行救済に伴う政府支出の増加によるソブリン債の感染です。銀行の危機は自身の資産運用の失敗ばかりでなく、政府の力の弱体化でも助長されるのです〈〈Hannoun〉1-4,6,9,FT2011年11月4日〉。ソブリン危機と銀行危機の相互関連性の強さが市場に強く感じられるようになったのです。

第4章　国債市場の流動性危機が銀行危機、国家財政の破綻の危機に至るみちすじ

1　流動性の定義の再確認

流動性とは、借金の支払い請求を受けても直ちに返済できるマネーのことです。現金、預金、あるいはすぐに換金できる資産を意味します。この流動性は2つに分けることができます。**市場流動性**（換金しやすい市場の存在）と**資金調達流動性**（必要な時に資金を借りられる経路）です。流動性が豊富というのは、この2つの経路からマネーがすぐに大量に入手できるということです。

さて、この流動性が涸渇した場合、銀行は簡単に破綻します。銀行が預金者や他の銀行や金融機関から借りていた資金の返済請求にあったとします。預金者は預金を引き出し、この銀行に短期貸ししている他の銀行や金融機関は短期貸し更新を断り、返済を迫ります。銀行は支払要求に対応できる資金を見つけ出さなければなりません。

通常の場合、手元の支払準備金を活用したり、手持ちの流動資産を換金したり、あるいは金融機関同士の貸し借りで対応します。これをドル資金を取り入れて国際的に資金を運用しているユーロ

圏の金融機関に当てはめれば、資本市場、銀行間市場、為替スワップ市場で、いつでもドル資金を調達できるということです。

そして景気が上向き続けるかぎり、短期借り長期運用という資金繰りのミスマッチには問題がありません。だから、銀行は短期資金をどんどん取り入れ資産運用を膨張させる高レバリッジに向かいます。これがリーマン・ショックの下地になりました。流動性のミスマッチがピラミッドのように高く積み上げられます。肝心の流動性はいつでも市場から入手できるという想定があったからです。

しかし、普段は流動性が高いと思われている資産が売れなくなってしまう場合、あるいは銀行間借入ができなくなる場合、銀行は支払い不能になります。たとえばリーマン・ショックの時のように大規模な金融パニックが起こった場合、金融資産はもはや質や信用度に関係なく、売れなくなります。公正に評価できる市場もないし、買い手はどんな値段でも買おうとしません。買い手も自身が不良資産に感染することを恐れるのです。手元に現金を確保し、支払い請求に備える流動性の確保が先決だからです。

こうして金融機関はお互い貸し借りをしようとしなくなります。取引相手の金融機関がどれくらいサブプライム関連証券や欧州周縁諸国の国債を保有し、どの程度の損失を抱えているのか、お互い疑心暗鬼になります。周りの取引相手が皆ゾンビに見えてしまうわけです。マイケル・ジャクソンの「スリラー」そのものです。

市場参加者は**恐怖一色の群衆心理**におちいり、一斉に資産を処分する集団行動に走ります。市場は売り一色の一方通行になります。それで市場の緊張はさらに高まり、資産価格下落も強まり、市場は凍結するのです。

2 流動性の問題は銀行の支払い能力の喪失に直結

相対的に過小な自己資本のもと、短期借り長期貸しのレバリッジを高くしている銀行が「スリラー」の状態に陥ると、支払いに応じられなくなる金融機関が続出します。最初は支払いに応じられる金融機関も、市場で資産の恐怖の投げ売りが続くと、自身の保有資産の損失が膨らみます。保有している資産価値が減損すると、その分損失を計上しなければなりません。その損失が自己資本を食いつぶします。自社の株価も下がります。自己資本が毀損すると自身の格付けも下げられるので、資金取引に応じる者はいなくなります。自身の株価が下がるとなおさら資本発行もできず、資本不足解消もできなくなります。資本不足になると銀行は流動性危機どころか、支払い不能危機に陥りるのです。

生き残った銀行も自己資本比率を維持し、保有資産の損失の拡大を回避するため、資産を処分する一方、貸出も収縮させます。これはこれで一般の企業の投資心理を冷やしてしまいます。経済の動きは半分は企業心理で決まるといわれています。企業は自身の財務を守るために現金も含め、雇用を凍結、縮小、さらには資本投資も控える。金融危機が流動性逼迫を引き起こすかもしれないので、生産を縮小して在庫の切り下げ、現金準備を増強しようとします。

3　活かされなかったリーマン・ショックの教訓

民間の信用危機が生じると、銀行が流動性危機から支払い危機へと奈落の底へ突き進むわけです。これは何も民間の間の信用喪失に限りません。国家の債務返済能力の信認がなくなるソブリン危機の場合も、銀行は国債市場の崩壊で資産が大幅に下落し、その損失が資本を毀損します。こうなると銀行は資金調達ができない中、支払い請求に応じなくてはならないので、流動性危機となり、ひいては支払い不能の事態を迎えます。

だから金融機関にとっては資本よりも流動性のほうが重要なのです。前SEC議長コックスは、2008年1月8日、銀行に「取付に限度がなくなるといくら流動性があっても守りきれない」と述べています（〈Valukus〉1492）。

金融機関の安定性を維持するためには流動性をつねに確保しておくことが不可欠です。それなくして資本をいくら厚くしても無駄なのです。特に高レバリッジ経営のリーマンなどの投資銀行はそれがあてはまります。この点、リーマンの破綻の経緯を調査したヴァルカス報告が「流動性は資本よりも重要である」「流動性は一瞬にして投資銀行を抹殺するものである」と強調している理由です（〈Valukus〉1655）。

このように**銀行は流動性と自己資本の維持のバランスを考慮しておかねばなりません**。しかし、

図5　ユーロ圏の銀行の過小な自己資本がサブプライム危機、ユーロ国家債務危機で押しつぶされる構図

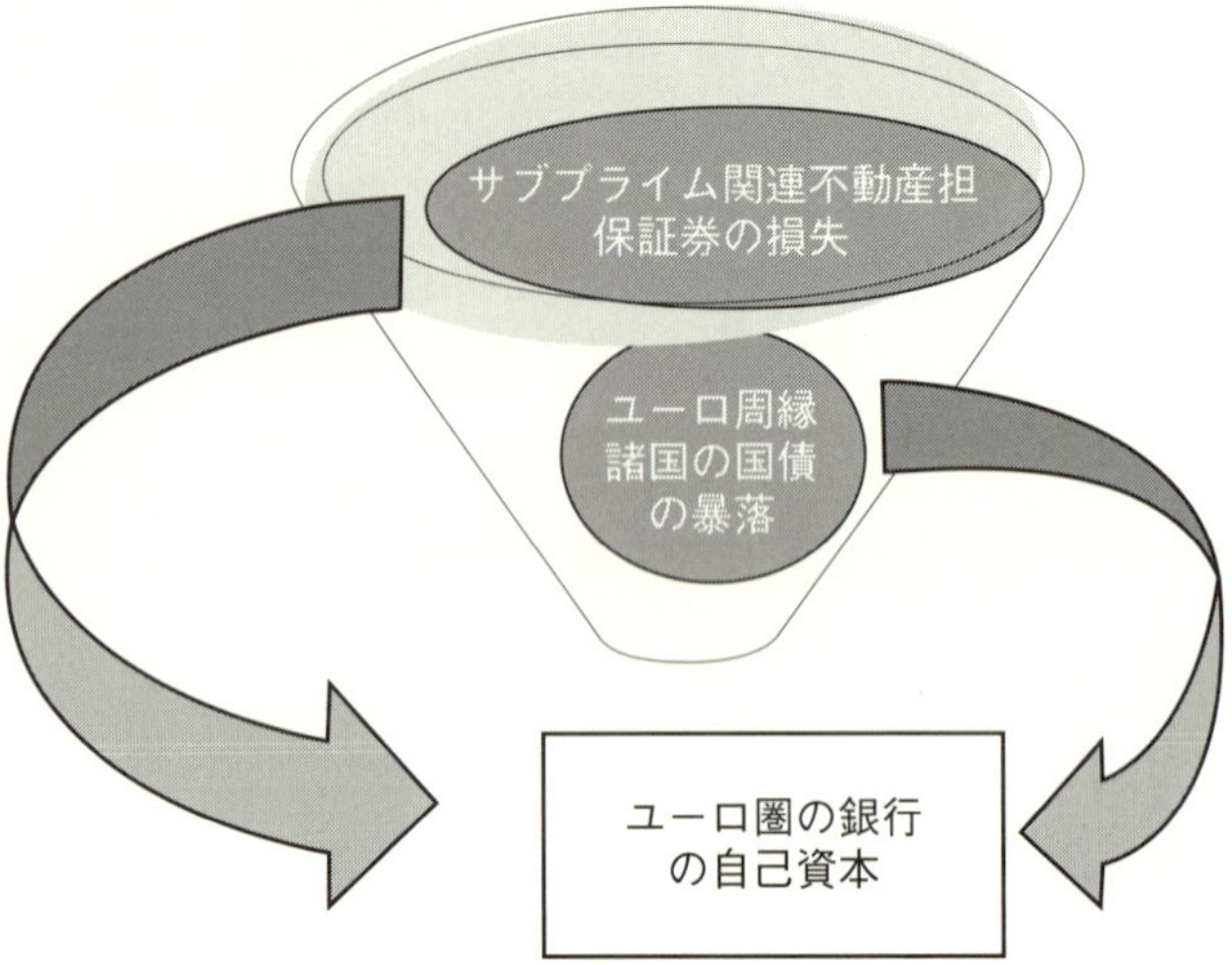

実際に2008年秋の金融危機の起こる前、銀行は低リスクと見なされる資産（たとえばトリプルA資産）に対し、多くの引き当て金を保有することは求められていませんでした。一見高い格付けの資産が過大評価されていたのです。格付けも適切に行なわれていなかったのです（〈Brown〉264）。

　この信用リスク過小評価の問題は、リーマン・ショックの後も教訓として活かされていません。それが**ユーロ圏の銀行によるユーロ圏周縁諸国の国債保有です**。トリプルA等の高い格付けの資産に対して自己資本を十分に積まないままだった欧州の銀行は、同じく高格付けだったユーロ圏内諸国の国債の減価から大きな打撃を受けることになるのです（**図5**）。

　しかもユーロ圏の政府は、銀行の自己資本

の比率の引き上げや資本増強の道筋を示していませんでした。フランスの金融当局が資本増強に熱心でなかったことは後述します（第7章）。

4　ユーロ圏には国債の流動性消失を食い止める術がない

さらにユーロ圏の中央銀行には致命的な問題があります。国債市場が暴落すれば銀行の流動性は涸渇します。だから国債の暴落が起きないようにしなければなりません。**中央銀行は最後の貸し手として国債市場に介入しなければならないはずですが、ユーロ圏の中央銀行ＥＣＢはそれをしないと言明しています。**

たとえば、欧州の信用危機が絶頂に達している２０１１年11月初め、新総裁のドラギはＥＣＢによる債券購入計画に関し懐疑的な姿勢を示していました。同行は8月以来、主にイタリア、スペイン国債を１０００億ユーロ購入してきましたが、外的介入で政府の借入コストを長い期間引き下げられると考えるのは無意味だというのです。「答えは、正しい経済政策による改革を行なえる１国の能力にかかっている」そうです。また同行は明確に「最後の貸し手」として振る舞うのは拒否してきました（FT2011年11月4日）。国債の安定は政府の仕事であり、中央銀行の仕事ではないというわけです。

もちろん、市場はそうみていません。最悪の事態になれば、同行は現在人々が考えている以上にずっと多くの政府債の購入をするだろうと、コメルツバンクの主任エコノミストは見立てていました（FT2011年11月4日）。はたしてこの見立ては当たるのでしょうか（第8章を参照）？

5 リーマン・ショックよりも深刻なユーロ危機

今回の金融危機の深刻さは、銀行が保有する国債に大きな損失が出たことです。このようなことはリーマン・ショックの時はありませんでした。本来ならば、国債を上回る安全、確実、流動性の高い資産はないはずです。それに損失が出たのです。こうなれば市場は、単なる銀行危機ばかりでなく国家財政の破綻による国債債務不履行のにおいを嗅ぎとります。ユーロ圏の場合、リーマン危機でさらけ出された金融市場の脆弱さは何ら変わりないのに、その上に国家債務危機が加わったわけです。

だから本書は今回の信用危機を**超リーマン・ショック**とも呼んでいます。

金融市場の最後のつっかい棒の国家は自らが自らを救うしかない。その場合、その国債価格の下落を抑える「最後の貸し手」たる中央銀行の役割が不可欠です。にもかかわらずユーロ圏の中央銀行ＥＣＢはそれを拒み続けているのです。

リーマン・ショック以降、ユーロ圏の政府はバランスシートに厄介な債務負担を背負い込まされます。税収の低下、経済成長の見込みが弱くなったこと、困難になっている金融機関を大規模にサポートすることで、各国政府の財政が苦境に陥りました。しかもこの困難を増幅させたのが、財政部門の放漫であり、ギリシャに典型のとおり、いくつかの政府は収入以上の優雅な暮らしを続けて来たわけです。**リーマン・ショックの後もユーロ圏の国債バブルを整理していなかったつけが**ようやく回ってきます。

こうして2010年半ばから、次第に政府資金繰りの問題と金融システムの相互連関性が意識されるようになりました。**銀行危機がソブリン危機を誘発し、転じてこのソブリン危機が銀行危機を悪化させるという相互連関性**のことです。

6　銀行危機とソブリン危機の連動性

その点を再確認しておきましょう。リーマン・ショック後にも明らかなとおり、欧米政府は直接、間接に銀行部門を支援してきました。公的資金で銀行の資本増強しなければなりません。景気対策の面からも歳出が増えます。他方、景気低迷で税収は伸び悩みます。これでは政府がいつまで財政赤字を続けることができるのか、いわゆる持続性の問題が出てきます。この持続性が維持されないことはユーロ圏の国債バブルの崩壊で確認されました。国家財政の悪化により、市場の国債価格が下落したからです。国家も国債価格下落で国債の発行のコストが増加するので、財政はますます立ち行かなくなります。国債価格はますます下落するでしょう。たいへんなのは国家ばかりではありません。

国債を大量に保有する銀行のバランスシートも悪化します。特に金融恐慌の後、銀行はリスクのない資産を保有しようとします。その対象が国債です。リーマン・ショックの後、ユーロ圏の国債バブルは縮小再生産され続けていたのです。しかしギリシャ債務危機でその限度も明らかになりました。保有する国債価格が下落するので銀行は損失を被ります。これは銀行自身の支払い能力の悪化とみられ、これが銀行の資金繰りを悪化させます。特に卸売資金市場においてそうなります。また銀行は国債をレポ取引（買い戻し条件付取引）に使いますが、このレポ取引に使用する銀行の担保評価が下がるのです。銀行は流動性危機に陥り、放っておけば支払い危機を迎えます（ゴンザレス・パラモECB専務理事,2011年11月4日）。

欧州の政府が妥当な金利で国債発行をできなくなると、流動性危機ではすまなくなります。即、ソルベンシー危機（支払い能力の危機）に直結します。国債が市場で消化されなくなるということは、銀行も国債を購入できなくなるということです。また、銀行にとってそれまで保有していた国債の価値が暴落して自己資本が毀損されてしまいます。銀行も流動性危機からソルベンシー危機に陥り、国家も資金調達できなくなるのです。銀行と国家財政の脆弱性は不可分であることが２０１１年秋、欧州の数カ国でユーロ信用不安として再確認されたのです。

この銀行と国家財政の脆弱性はコインの両面にすぎません。だからソブリン債は低リスクの地位を回復しなければならない。それではじめて債務の持続性の不安を緩和できる。これが市場価格に結実します（ECB②2011年12月,13頁）。すなわち、国債の低利発行が可能になるのです。

しかも欧州発の銀行危機が国債デフォルト危機につながれば、リーマン・ショックをはるかに上回る超リーマン・ショックが起こるのです。一例を挙げておきます。米国の金融機関は欧州国債に関しCDS（Credit Default Swap、企業の債務不履行にともなうリスクを対象にした金融派生商品）の売り手となっています。ギリシャが国債のデフォルトをした場合、その国債の価値保証をしなければなりません。こんなことを迫られると米国の銀行が破綻する可能性も出てきます。

これこそ、リーマン・ショックの再現です。当時米国の保険会社AIGは欧州の銀行が保有する資産（CDO［資産を担保として発行される資産担保証券］）をCDSで価値保証していたので、この資産の市場価格が急落した結果、支払い危機に陥ったのは周知の話です。そしてAIGがコケれば欧州の銀行もコケるのです。今度も欧州の国債が暴落すると、それを価値保証している米国の金融機関も危うくなるという話です。

だからこうならないように、ユーロ圏の諸政府はソブリン債務危機に陥ったユーロ加盟諸国を支援し、財政を立て直さなくてはなりません。それは自国のためばかりでありません。グローバル金融危機の伝播経路を断ち切るためにです。リーマン・ショック時、欧州の金融機関は米国の金融当局によるAIG救済で救われました。今度は米国の金融機関が救われる番です。ユーロ諸国はギリシャに国債デフォルトが起こらないようギリシャを救済しなくてはならないのです。

そのような努力もあり、ギリシャ国債はデフォルトを免れます。債権者の大多数がかなりの部分の債券価値を引き下げる「秩序だったデフォルト」に同意したので、CDSは全面的な発動を回避できたのです。

7　金融の不安定性論者ミンスキーの洞察力——金融危機と財政危機の悪循環を断ち切るのは中央銀行

ところでこのような財政危機が金融危機に直結する径路を理論的に示唆しているのが、金融の不安定性論で知られるミンスキーです。以下、その点をみておきましょう。

資本主義ではブームとバスト（破裂）はワンセットでしっかり結びつき、お互いを分離することはできません。ブームはバストで終わりを告げます。サブプライム証券ブームやユーロ圏国債ブームの帰結からも明らかです。そしてリターンが多ければ多いほどリスクも大きくなる。ハイリスク・ハイリターンなのです。安定した成長は幻想にすぎないでしょう。

なぜなら、我々はダイナミックな資本主義社会に住んでおり、この社会は景気活動が急速に低下する洗礼を受けるのが常でしょう。この傾向を増幅させるのが、レバリッジが高まり流動性の供給が過剰になっている状態です。過度な借入に依存した投資が燃えさかる時期といいかえてもよいでしょう。

この点、ミンスキーは、次のようにわかりやすく説明してくれます。

「金融商品の価格上昇が景気の先行きを強気に見る期待を強く後押しするかぎり、借り入れ金に依存した投資も強く助長される。それゆえ、資本主義の根本的不安定さがあらわれるのはいつも景気が上向く時である」（〈Minsky〉66）

「大いなる安定性が高まり好景気が強まると、投機的な投資ブームに転化するので、資本主義社会は根本的な不安定性からのがれられない。しかも注意しなければならないのは、この根本的な不安定性は資本主義の力強い経済成長の母であるばかりでなく、〝金融危機〟をもたらすことである」(〈Minsky〉66)

ミンスキーが資本主義には金融の不安定性がしっかり根をはっていると主張する理由です。信用が弾力的に拡張されると投機的取引が膨らみ、それが破裂して破壊的打撃が繰り返されるのが資本主義の特徴なのです。ミンスキーは次のようにも説明します。

「資本主義社会は金融危機にしばしばさらされる金融構造のもとにおかれており、金融市場の通常の機能からクレジットブームに沸いたり、このブームが引き金となる金融危機に直面したりするのである」(〈Minsky〉68)

このような場合の中央銀行の使命も明らかです。金融がつねに不安定に動く現代資本主義では、中央銀行の役割は重大です。中央銀行は、金融市場の状況が投機的な金融という重大な事態にまで膨らんでいる場合には、警戒を強めなければなりません。投機的金融のレバレッジが高まっている状態が執拗に持続するか否か、それは金利の動きと流動性の供給具合次第です。だから中央銀行は金融危機の時には流動性の供給を怠ってはならないというのです。

「中央銀行は金融システムの溶融を引き起こしかねない金融危機が迫れば、その金融危機が全面開花しないよう、また債務デフレが生じないよう、金融市場に多量の流動性を供給し予防措置をとるよう介入しなければならない」〈Minsky〉68)

「その手段のひとつは、苦境にあえぐ金融機関の金融資産を買い上げることであり、そのような中央銀行の介入がなければ、金融機関は流動性が涸渇して破綻する。たとえ、十分な支払能力のある資本を備えていたとしても。資本注入も有力な候補である」〈Minsky〉68)

レバリッジが高まっている状態とは、短期金融と長期投資がミスマッチになっている時のことです。このようなミスマッチの時は、借金は資産よりもどんどん短期化し、短期の借金の更新を拒否されると、短期借り入れで長期の資産投資している資産保有者はミスマッチの効果をまともにくらいます。自身が保有する資産を売ってお金を工面しなければなりません。しかし、流動性の供給がひっ迫している場合、彼らは予定した価格で資産を売ることはできません。投げ売りに追い込まれます〈Minsky〉67)。だから流動性が涸渇した時、中央銀行は金融市場に断固として介入して流動性を供給しなければならない。これがミンスキーの力説する点です。

このような「最後の貸し手」の役割を果たすのが、日米英の中央銀行の一般的姿なのです。問題はユーロ圏の中央銀行ＥＣＢが必ずしもそうなっていないことです。

中編

ユーロ圏の銀行の内憂外患

——ぬぐえない過小資本とドル依存の体質

第5章　ユーロ圏ではサブプライム問題と国債バブルが同時進行

――「みんなで借りればこわくない」の世界的信用膨張

1　ユーロ圏の銀行のドル依存症――ユーロの母斑を残しつつも額にはドルの刻印

2007～2008年に世界的金融危機が勃発するまで、欧州の銀行は過去10年間にドル資産を急増させています（2007年半ばまでに8兆ドル以上）。欧州の銀行を含む多くの国際銀行にとって、無担保ドル資金調達は魅力ある資金源でした。たとえば、預金以外の卸売ドル金融市場における無担保保ドル資金は、ユーロ金融市場よりも長い満期で手に入っていました。この安価なドルを入手し、これをサブプライム関連証券などの高利回り高格付けドル建て金融商品で運用し、利鞘を享受しました。欧州の銀行にとって、ドル銀行間市場で借りようとユーロを使う為替スワップでドルを入手しようとコストは同じでした。

外国為替スワップ取引において、欧州の銀行はユーロで資金を調達し、為替リスクを負うことなくドル資産保有を膨張させることができます。とはいうものの、資金調達では別の重大なリスクが残ります。

2　ユーロの銀行はドル取引で自転車操業

それはドル流動性リスクです。**短期で借りるドル債務と長期で運用するドル資産保持における期間ミスマッチ**です。欧州の銀行はドルの短期借りを更新させながら長期運用するので、この短期債務ドルの返済を要求されるとドル資産を売ってドル返済のために資金を確保しなければなりません。それが一時的に間に合わない場合、ドル銀行間市場でドルを調達すれば資金繰りがつきます。しかしこれはあくまでも予定調和的な金融環境だけで可能な話です。

しかし、２００７年８月のＢＮＰパリバ・ショック、サブプライム問題、リーマン・ショックに示されるとおり、金融市場が大混乱に陥った時は、ドル資産は市場では簡単に値がつかなくなり、市場の流動性が涸渇し、最後には支払い危機から破綻する銀行が続出したのです。それを埋めるためにドル銀行間市場で資金を確保しようとしても無駄です（ドル不足の事象に関しては〈米倉①〉69－75）。カウンターパーティリスクが急増している中、ドル銀行間市場は実質的にシャットダウンします。

安定したドルの預金がない欧州の銀行は、別の面でも資金繰りに窮します。欧州の銀行がドル資金を依存していた米国のＭＭＦ（Money Market Funds）がリーマン・ショックの衝撃を直接くらいます。ＭＭＦとは大口公社債ファンドのようなものです。２００８年ＭＭＦの大手は、破綻したリーマン・ブラザーズが発行していた証券への投資で損失が生じ元本割れとなり、そのＭＭＦの解約停止処置をとりました。これでMMF全体から資金引き出しが起きます。リーマン・ショックの場合、銀行でなくMMFへの取付が起きたのです。

MMFも引き出しに応じるため証券に投資する余裕などありません。ひたすら回収に努めます。するとこのMMFにもドル資金調達を頼っていた欧州の銀行は、銀行間市場はおろかMMFからもドルを得られません。

3　銀行間市場やMMFでもドルに窮した欧州の銀行は為替スワップ市場でも絶望

そこでドル不足に慌てたユーロ圏の銀行は為替スワップ市場に殺到します。しかし米国の銀行によるユーロ需要と欧州の銀行によるドル需要の関係は大きな不均衡が生じます。為替市場で一方的にドル需要が膨張するので、ドル調達コストがドルインターバンク市場のコストをも凌駕します。米国の銀行が欧州の銀行の支払い能力を疑うカウンターパーティリスクも合わさり、為替スワップによるドル調達コストは禁止的な高さになってしまいます〈BIS①60〉,〈日銀①〉2009年1月,7－9,14,18－20,9月44)。

このように世界的ドル不足が劇的に浮上してきたのがリーマン・ショックでした。世界的ドル不足による国際金融市場の凍結を打破すべくFedは、各国中央銀行とドル・スワップ協定を史上空前のレベルまでに拡大したのです〈BIS①〉62－63)。

欧州の銀行の資金調達危機は実はドル資金調達危機だったのです。ドル資金調達モデルの場合、過大なドル資金調達の期間ミスマッチにまつわりつく大きなリスクがよく理解できていなかったのです。

4　欧州の銀行はドル資金を安定的に確保できるネットワークがない

ところがこのドル資金調達方式がリーマン・ショックで機能不全になります。欧州の銀行はドル不足に陥りました。このドル不足によって被る打撃は米国の銀行よりも欧州の銀行のほうがはるかに大きいのです。非米国の銀行は安定的にドルを吸収できにくいからです。

米国で業務を行なう外国の銀行の支部（米国にある支店や提携銀行）はMMFから受けていた資金の多くを失いましたが、MMFから銀行預金へと逃避する資金を受け入れる資格もないのです。米国市民や居住者から10万ドル未満の受入を許されておらず、1991年12月19日以降に設立された外国銀行支店の預金は米国の預金保険の対象とされていなかったのです。

このような事情もあり、外国の銀行のアメリカ支部の預金は2008年9月3日から12月31日までに2580億ドル分も減少します。それで彼らは他から借りて資金流出を埋め合わせます。これは主にFedからのものであり、同期間にそれが730億ドル増加しました（表2の「他からの借入」）。資金繰りに苦しむ外国の銀行はFedからもっと借りてもよいはずですが、Fedから借りることは汚点（stigma）とみなされるので、また、借入に適正な担保も不足していたのです。そこで米国外の営業所から4100億ドルを調達します（表2の「外国の提携機関から送金される

表2　米国の商業銀行のバランスシートにおける諸項目の変動
（2008年9月3日〜12月末：単位10億ドル）

	国内系の分	外国系の分	商業銀行総計
総資産	+1,093(+11.2%)	+225 (+17.3%)	+1,319(+11.9%)
現金資産	+515(+187.6%)	+236(+432.7%)	+751(+228.3%)
預金	+653(+11.2%)	-258(-21.1%)	+415(+6.0%)
他からの借入	+161	+73	+235
外国の提携機関から送金される額	+165	+410	+575
総資産に対する現金資産比率(%)	+4.5	+14.9	+5.7
連邦準備銀行への預金変動			+850

（出典）〈BIS②〉 14より

表3　2008年後半の世界の商業銀行の対外純債務の変動
（為替相場調整済み、単位10億ドル）

	合計	自国通貨の分	外国通貨の分
米国	256.8	269.7	-12.9
日本	134.8	129.8	5.1
ユーロ圏	-311.4	88.2	-399.6
スイス	73.5	28.3	45.2
連合王国	9.9	-47.5	57.4
オーストラリア	-82.1	12.6	-94.6
デンマーク	-29.7	-10.1	-19.7
スウェーデン	-35.7	14.9	-50.5
韓国	-37.8	0.0	-37.8

（出典）〈BIS②〉 2より。なお、この表に入れている国は銀行の対外純債務総額が2008年第4四半期に300億ドル以上、変動した諸国

額」）。これは、米国の銀行が外国の支店から調達した額1650億ドルよりもはるかに多いことに注意してください。

このような欧州から送られる巨額の資金を最終的に手当てするのが、Fedと外国中央銀行ドル・スワップです。これにより商業銀行の外国支店は、米国にドルを送金することが可能になったのです。**表3**に示されるように、ユーロ圏からの

図6　米国の商業銀行の関連外国支部に対する純負債とFedによるドル・スワップ残高(2007－2009年)単位10億ドル

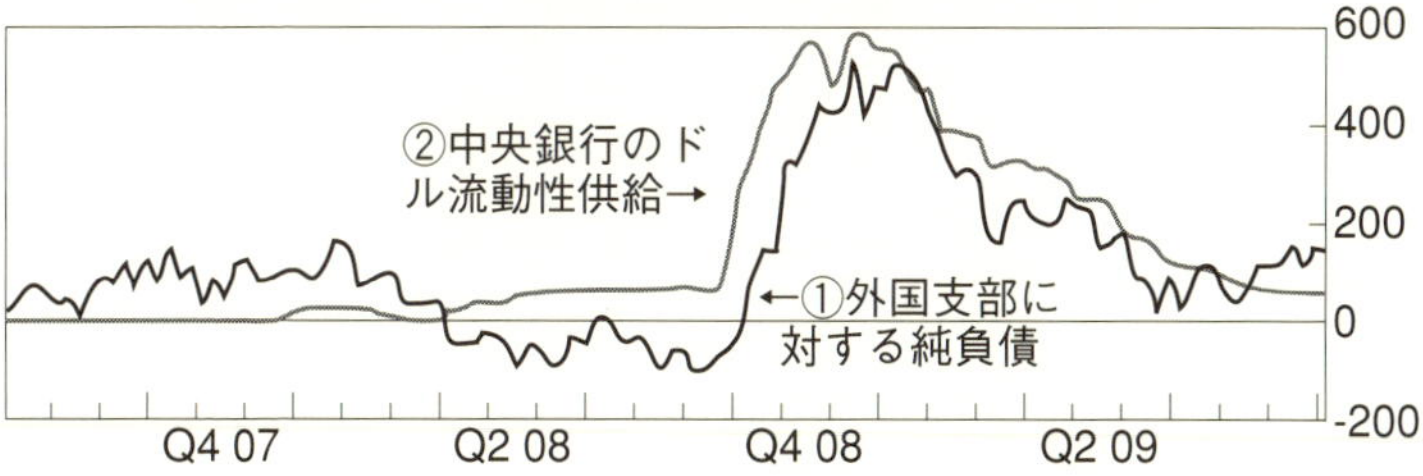

注①すべての商業銀行の分、季節的未調整、水曜日の水準、②水曜日の水準

(出典)〈BIS②〉2

外貨建ての資金流出が突出している(マイナス３１１４億ドル)のはそのような事情のためであり、流出は当然、リーマン破綻後に集中しています。しかもドル・スワップによるドル流動性供給は、米国への大量の資金流出に見舞われた欧州の銀行がドル不足に陥らないよう配慮されています。欧州銀行は米国の機関にドルを送るので、その分ドルが不足することになり、Ｆｅｄがドル・スワップでそれを埋めて余りあるよう、大量にドル流動性を供給するのです〈図６〉。それほどスワップによるドル供給額は膨大だったのです〈BIS②〉2,14,〈岩野〉4,5)。

アメリカ発の世界へと急膨張するサブプライム関連を含む不動産証券化市場は当然ドル建てなので、欧州の金融機関はそのドル建て取り引きに深く関わるためにドル資金が必要です。しかし欧州の銀行はドル調達を賄う広汎なネットワークはありません。そこで、預金以外の卸売市場（銀行間市場、資本市場、レポ市場、あるいはＭＭＦ）でドル資金を補わなくてはなりません。

ところが実際にはその経路が狭まりました。だから、ドルを主要決済通貨としないはずの欧州の金融機関はドル資金繰りに窮し、支払危機に直面したのです。その最初の典型例が、２００７年８月９日のＢＮＰパリバ・ショックであり、極めつけが２００８年９月15日のリーマン・ショックだったのです。

5　巷に出回る「グローバル・インバランス」論を無効にしたリーマン・ショック

さて巷に広く流布されている「グローバル・インバランス」論はこのような事態をいったいどのように説明するのでしょう。グローバル・インバランス論からすれば、経常収支赤字の米国は対外借金国なので、リーマン・ショックの時、国際資金は米国から逃避するはずです（〈米倉②〉11-12.87-95）。実際には世界のお金は米国に流入したのです。しかも表3のとおり、ユーロ圏からの外貨建ての資金流出の大きさが際だってます。リーマン破綻の後に大量に米国に流入した資金（ドル）の出所は、米国で業務を行なう欧州系銀行に集中していたのです（〈BIS②〉1-2.〈岩野〉19.21-22）。

第6章　「グローバル・インバランス」の深層
――グローバル・インバランスとグローバル・フィナンシャル・インバランスのちがい

1　2001年9・11から始まった世界的信用膨張

２００１・９・11の事件なら誰でも知っています。しかしこれ以降、テロによる景気の急降下を防ぐためＦｅｄが金利も急降下させたことはどうなのでしょう。それに同調し世界でも**「みんなで借りればこわくない」の信用膨張が繰り広げられた**のです。「みんなで借りればこわくない」は米国のサブプライム層の問題に限られません。アイルランド、スペインのほうがもっとすさまじい住宅バブルだったのです。これでアイルランドは国家財政も破綻し、ＩＭＦ、ＥＵから支援を受けたくらいです。これもユーロ信用不安のひとつの要因になりました。

いずれにしろ、この**9・11から2007―08年のサブプライム危機に至る「大いなる安定」**(Great Moderation) **の時期、世界経済は史上空前の経済成長の時代でした（日本はおいてきぼり）**。高い生産性上昇、低金利が基調であり、インフレも抑えられる中、将来に対する楽観性も高まり、これが金融機関の過大なリスクテークや高レバリッジ経営を助長していたのです。

甘い綿菓子が入道雲のように膨らみ、しぼむと苦い味になる感じです。このようなレバリッジはリーマン・ショックを経て急激にしぼみます。膨張した世界的な短期ドル借り長期ドル資産運用の暴力的整理であり、それに伴うドルの米国への資金の還流であり、ドルの上昇でした。**「グローバル・インバランス」論で想定されていたこととは正反対の、史上空前の規模のレバリッジ急縮だったのです**（〈IMF①〉34,〈米倉②〉10-12）。

2　グローバル・インバランス論の本家本元のIMFに再考を促したリーマン・ショック

国際金融危機の淵源を突き止めるはずのIMFは、「グローバル・インバランス」global imbalances の危険性を警告し続けてきました。しかし、世界の国際的金融機関によるオンバランスとオフバランスの一体となった**過剰なリスク・テークや高レバリッジの進展に関してはあまり注目してこなかった**のです。これが銀行のシステミックリスクに発展することをさほど意識できなかったのです。せいぜい、影の銀行システムにおける損失の浮上に言及しただけであり、ようやく2008年はじめ、銀行の損失に関し警告を発したくらいです。

「グローバル・インバランス」を語る場合、この銀行システミックリスクの源泉との重大な関連を考慮すべきだったのですが、そうなると、それは従来の単なる国際収支不均衡にとどまらない、あるいは国際収支表では直接カバーできないクロスボーダーの資本移動の内実が重要となります。こうしてIMFは従来の見解を修正したのです（〈IMF②〉8-11）。すなわち、**グローバル・インバラン**

ス論はグローバル・フィナンシャル・インバランスと翻訳され直されたのです。

実際、それはリーマン・ショックで起きた現象に照らし合わせて見れば当然のことです。このショックから起きた世界的なドルの高騰は、過大なレバリッジによる世界的ドル金融がグローバルな金融上のインバランスとして世界経済にうずたかく積み上げられ、やがて瓦解する経緯の象徴でした。急速に膨らんだレバリッジが一転、急速に解消される有為転変の事態でした。入道雲のように膨らんだ甘いはずの綿菓子が急速にしぼみ苦い味を残したのです。"global imbalances"は"global financial imbalances"へと翻訳し直さないと意味をなさないのです。

本書では、従来のグローバル・インバランス論では説明できない世界金融恐慌の推移を、グローバル・フィナンシャル・インバランスの事象として説明しています。

しかも、それは現在も欧州ソブリン危機の深化として進行中です。２００８年秋のリーマン・ショック時、民間レベルで急激に縮小されたはずの金融レバリッジと過大なリスクテークは、実は国家債務の膨張として引き継がれ、これにより銀行危機も増幅されるという構図が現在も進行しているのです。

3　日本銀行総裁もグローバル・インバランス論を刷新

さて我田引水になりますが、このような見解を共有しているのが白川方明・日本銀行総裁です（２０１１年2月のフランス銀行での講演）。あまり金融関係の報道はなかったようですが、グローバル・インバランス論に実質的修正を求める注目すべき見解です。

総裁によれば、リーマン・ショックという金融危機が起きた時、市場参加者はリスクを忌避し、質への逃避に出ます。この場合、質への逃避先となったのはドルと米国国債であり、米国の長期金利は下がったのです。日銀総裁も、金融危機の内実が従来のグローバル・インバランス論の想定とは異なっていたことを認めています。

むしろ白川総裁が着目したのは、金融システムにおけるリスクの集中先、あるいは市場参加者の取引の連関性が金融危機につながる諸々の径路です。かいつまんで言えば、経常収支不均衡というグローバル・インバランスでなく、金融上のインバランスの累積されるグローバル・インバランスを解明しようという提起です。白川総裁は次の通り、明言してます。「経常収支それ自体に焦点を絞った政策は非生産的だろう」（〈日銀②〉）。

日銀総裁の趣旨は次のように整理できます。持続不可能な不均衡を察知するためには、資産価格、レバリッジ、グロスの資本移動、リスク評価や金融機関のリスク状況の情報を収集することが必要である。経常収支の動向はこのインバランスの全体の中のほんのひとつの断片図を示すにすぎない。商品とサービスのクロスボーダーの移動が各国経済の相互連関性の支配的要素だった時代とは異なり、現在はグローバルな資本移動が劇的に膨張し、その速度もデリバティブの利用で大きく加速され、複雑さを増している。したがって**グローバル・インバランスの概念も経常収支レベルでなく資本収支レベルを加えて考察する必要がある**というのです。これは改宗したＩＭＦの見解と基本的におなじでしょう。

4 グローバル・フィナンシャル・インバランスの典型例――リーマン・ブラザーズの経営手法(1)

そこで白川総裁の視点を受けて、持続不可能な不均衡の例を、リーマン・ブラザーズの資金調達方式から紹介してみましょう。それは**担保再流用**(rehypothecation)**による信用膨張**です。信用連鎖はあざなわる縄のごとしの話です。

高率な金融レバリッジ(過大な借金による資産運用)は、米国のみならず世界にまん延し、銀行の帳簿に載らないオフバランス上でも展開されていました(shadow banking)。

リーマンも過大なレバリッジをかけて資産運用し、その無理がたたって破綻しました。少ない資本のまま過大な借金をしながら、短期資金借入で長期資産を運用する綱渡り的手法です。しかも、流動性にも大きな問題がありました。短期借り長期貸しの資金のミスマッチです。短期資金はすぐに返済しなければならない資金が大半なのに、長期資産は景気がダウンするとなかなか売れなくなるものが大半を占めていました。

借り入れた短期資金が引き揚げられたり、借入更新ができなくなると長期資産を処分して返済の資金を工面しなければなりません。しかし資産が換金できず値も暴落していると、返済も行き詰まるのです。

このレバリッジ経営に拍車をかけていたのが、顧客の資産を利用して資産運用を膨らませる再担保金融でした。リーマンは顧客から担保として受け取っていた金融商品を担保に出して資金調達します。その場合、この担保は元々はリーマンの顧客のもののはずですが、リーマンから担保を受け取った側からすれば、その担保はリーマン所有のものと思うでしょう。

リーマンなどの投資銀行はヘッジファンドから担保を受け取る時、それをあたかも自身が保有しているかのようにして、リーマン自身の取引の資金調達手段として利用する。さらにこの担保を受け取った別の銀行が、またまたこれを担保として利用する。こうして**ひとつの担保は何度も使い回しされ、レバリッジがますます伸張する**。大きな金融上の綿菓子がまるであたかも入道雲のように膨張するわけです。

2007年までに、プライマリーディーラーの7つの証券業者（投資銀行部門）は何と4・5兆ドルの資金を再担保金融で手にしています。しかしそれは米国政府の資金フロー・データには記録されていません。この方式を影の銀行システムにまで拡げてみると、その規模は米国で10兆ドルに及びます。リーマン・ブラザーズの最高首脳ファルドはこの方式を米国でなく、ロンドンで活用しました。当時、米国と違い、英国では無制限に顧客の資産は自在に再担保に回すことができたのです（現在は顧客保護の規則がある）。

破綻時、ロンドン・リーマンは約900のプライムブローカーの勘定がありました（たいていはヘッジファンド）。担保の再担保金融方式を通じ、リーマンの顧客がリーマンの破産に巻き込まれ、この顧客と取引のある業者もカウンターパーティリスクにさらされます。レバリッジのレバリッジの連鎖が支払い不能連鎖を拡大させるので、リーマンの破綻は世界中に衝撃となって拡大波及したのです。リーマン・ショックはリーマンというひとつの投資銀行の破綻ですまなかった理由がここにあります。

リーマンが破綻した時、貸した金を清算したい取引相手はリーマンから受け取った担保を自分の物として主張します。ところがこれは元々はリーマンが別の取引相手から預かった資産です。この顧客資産をリーマンは自身の取引の担保として他の取引相手に渡しています。すると、リーマンが破綻した時、この件の担保の真の所有者は真っ青です。担保の返済を請求しても、リーマンが他の取引相手に担保として渡してしまっているので、取り戻すのに一苦労です。

だからリーマンがつぶれると、ヘッジファンドまでも連座します。リーマンと再担保金融で取引しているヘッジファンドは多数です。その多数も支払い不能になり、さらにヘッジファンドに資金を預けていた顧客も大変です。

こうして幾重にも連なった数珠は瓦解します。リーマンが破綻すると取引相手が連鎖的に支払い不能の危機に陥るのです。その清算のために運用資産も投げ売りされるが、買い手が出てこない。支払いの金を工面するどころか、支払い不能、破産となります。

こうしてひとつの投資銀行にすぎないリーマンが破綻しただけで、多くの金融機関が支払い不能の状況に追いやられる。未曾有の世界金融危機が爆発したのは、このような再担保金融に特徴的な高レバリッジ手法が幾重にも連鎖していたからなのです。

図7　投資銀行の担保再流用による信用の膨張と収縮
（2007年11月－2009年12月（単位：10億ドル））

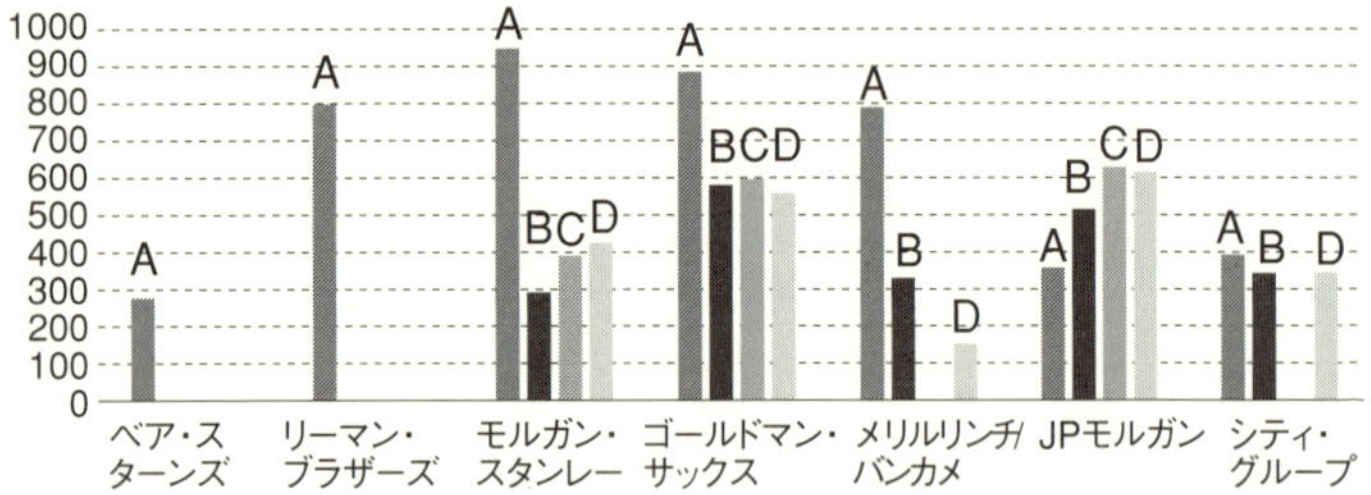

A：2007年11月
B：2008年11月
C：2009年9月
D：2009年10月

（出典）〈IMF②〉6

リスク回避が強まり、２００７年末から２００９年末までにリーマンをはじめとする７つのプライム・ブローカーの再担保金融は４・５兆ドルから２・１兆ドルへと冷えた綿菓子のように急速に萎みました（**図７**）。縮んでしまった綿菓子には苦い味が残るだけです。まさに宴の終わりです〈IMF②〉2-9F T2010年8月13日,ギリアン・テット女史〉。本書の「綿菓子」のたとえは同女史に依る）。

レバリッジを高めるために顧客の資産を使用する手法はリーマン以外の他の投資銀行にも見られた手法です。ＪＰモルガンの証券投資子会社も２０１０年２月に、英国の金融規制当局に摘発されています（〈Brown〉92-93,95）。

さらに別の例が続きます。金融の世界に同様のスキャンダルがつきものです。投資銀行のリーマンと来れば、次はゴールドマンサックス関連でしょう。それがＭＦグローバルの件です。これについては第７章で紹介します。

5　グローバル・フィナンシャル・インバランスの典型例──リーマン・ブラザーズの経営手法(2)

　では日銀総裁の問題提起を受け、さらにリーマンの第2の手口について紹介します。リーマンの主な短期資金調達手口として特徴的だったのが、**レポ取引**です。業務を維持するためには毎日カウンターパーティ（取引相手）から市場で数100億ドル、あるいは数1000億ドルを借りなければならず、2008年には1日2000億ドル以上、短期レポ取引で資金調達していました。

　これは綱渡りそのものです。なぜならカウンターパーティがリーマンの流動性の状態（同社の支払い能力の指標）に不信を持ち、その日々の貸出を拒否するようになると、リーマンは綱から転落します。カウンターパーティが心変わりすると、リーマンは資金繰りに窮するのです。

　リーマンは逆張り経営がたたったこともあり、自己資本に比べ多大な資産、しかも流動性の悪化した資産を抱えていました。2007年8月〜11月に同業者のなかで最低の資本比率となり、10％を割る懸念もありました。過去5〜6四半期に資本比率がかなり悪化していたのですが、リーマンはこれをSEC（アメリカ証券取引委員会）に報告していませんでした。他の投資銀行は18・7％もの高い比率のものもあったのですが〈〈Brown〉93-94,270〉。

　過大なレバリッジ経営をしていることが判明すれば、市場の信認は蒸発し、カウンターパーティはレポ取引を拒否し、いっせいに資金を引き揚げます。リーマンもこのような事態を2007年3月、ベア・スターンズの破綻で目撃していました。第2のベアを演じるわけにいきません。

そこでリーマンは三位一体的解決方法を思いつきます。本来、バランスシートを収縮するためには収益資産を売却しなければなりません。その売却代金で負債を返済するので借金も減るからです。経営健全化の証ということです。

しかし収益資産を売れば、利子や配当などの収益の機会も減ります。生きのこりをかけるリーマンは収益資産を手放すわけにいかない。他方、バランスシートは見かけ上、縮小させなくてはならない。レポ取引による流動性確保も欠かせない。だから、バランスシートやレバリッジの縮小と収益資産の維持、さらに流動性確保という3つの課題を同時的に達成できる方法、「レポ105」取引に手を染めます。

6 日本の「飛ばし」とリーマンの「飛ばし」の違い――同一口座の時間差攻撃

リーマンのレポ105の場合、通常のレポ取引と異なり、証券を売ったことになります。取引される証券はバランスシートからはずれます。証券は売られたことになり会計を公表する四半期末にバランスシートにはないはずですが、証券の利子や配当などの収益はリーマンのものであり続けます。実際には証券を売り切っていないからです。この証券を四半期末が過ぎた次の四半期初めにバランスシートに戻すのです（図8）。このレポ取引で調達した金で債務返済にあてれば、レバリッジ率が見かけ上、引き下げられます。

こうしてリーマンはレポ105で、バランスシートを縮小しながら担保となっている証券の収益

図8　なぜか四半期末に集中するリーマン・ブラザースのレポ105の利用状況（2007年8月－2008年7月）

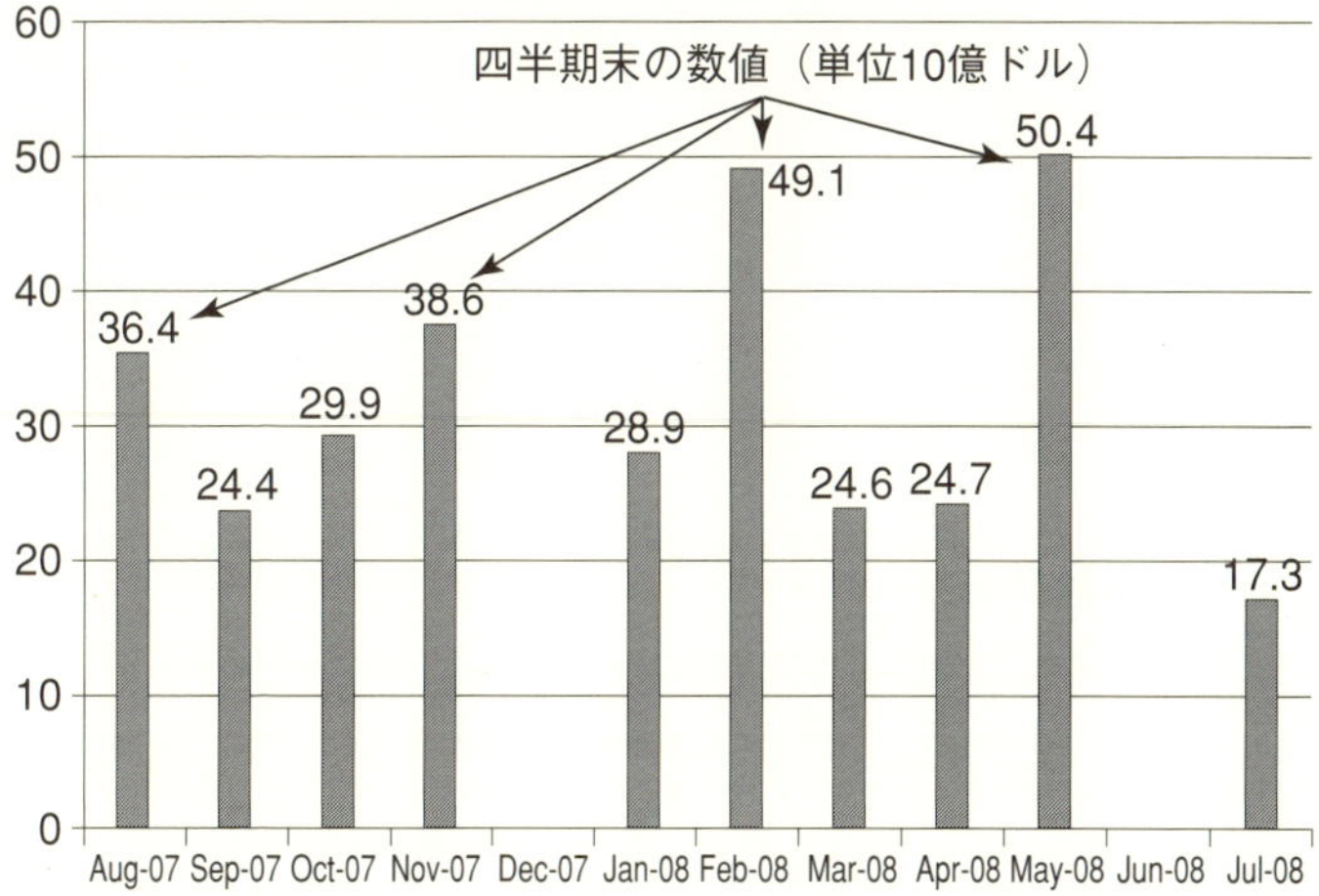

（出典）〈Valukus〉875

を受け続けられます。リーマンは格付けを維持するため、レバリッジ率が外部に過大に見えないよう、粉飾操作し続けていたのです（〈Valukus〉6,32,34,883-884）。

別の角度からこの粉飾会計の特徴を指摘しておきます。一般のレポ取引の場合、レポの対象の有価証券はバランスシートに残ります。担保となる債券の買い戻し条件付きの借入だからです。また借り入れた現金もバランスシートへ追加されます。買い戻すべき売却有価証券も借り入れた現金もバランスシートに両建て追加計上される。これではリーマンの資産状況は外部に健全なものとして伝わりません（〈Brown〉94）。

だからレポ105では証券を売り切り扱いにし、四半期末にこれをバランスシートからひとまずはずし、次の四半期初めにこれをバランスシートに戻す。3つの課題を同時に果たす見事なトリプルプレーです。

レポ105の場合、リーマンが取引で差し出す資産に対して受け取る現金は、一般のレポ取引よりもずっと少なく（実質金利が5%以上）、この取引は会計上は貸借というよりも売りとみなされる。売り切りなのでリーマンのバランスシートには残らない。だからバランスシートからはずしておいてもよいという理屈です（〈Valukus〉6-7）。

リーマンの目論見は一応成功します。**図8**が示す通り、リーマンのレポ105の利用は四半期末に限って増加します。この偽装された数値に関し、「公開会社としては自社の歴史上、もっとも低い純レバリッジ率」であると発表し（6月4日）、リーマンの最高CEOのファルドも同社の資本ポジションは「今までで一番強い」と説明しています（2008年6月16日.〈Valukus〉1655）。

当然ながら、リーマンはこのレポ105取引の本来の狙いを伏せていました。この手法でレバリッジ率を適正にみせかけていることが発覚すると大変なことになる。特に市況が悪化した時にこの手法を拡大したことを市場に知られるとまずい（〈Valukus〉844－845,848,875）。たちまちのうちにリーマンは流動性が涸渇して、資金繰りに窮するからです。

だからリーマンは流動性の状況には非常に神経質でした。リーマンの首脳は、ベア・スターンズ破綻の直後の会見で（2008年3月20日）、「流動性は一瞬にして投資銀行を抹殺する」（〈Valukus〉1655）と語っています。リーマンが第2のベア・スターンズになる恐れからでしょう。両社のそのビジネスモデルには共通性が高いのです。すなわち、高レバリッジ、少ない資本、流動性の低い資産（たとえば、サブプライム不動産担保証券）への集中です〈〈Valukus〉1491-2〉。

リーマンにとっては流動性は資本よりも重要なのです。それは２００７年８月15日の見解に示されます。「流動性、それは資金を直ちに手に入れられることであり、それが我々の取引に欠かせない」、だから、「流動性は資本よりも重要である」〈〈Valukus〉1655〉。

余談ですが、同様のレポ１０５の手口はＡＩＧ、シティグループ、バンカメも行なっていたことが後に判明します。

7　グローバル・フィナンシャル・インバランスの典型例――リーマン・ブラザーズの経営手法（3）

リーマンの手口はまだまだあります。流動性の状況を過大に見せるのはお茶の子さいさいだったようです。リーマンは金融危機の時に支払い準備となる流動性をプールしていたはずです。これが豊富であることを示す必要がありますが、本来ならば流動性にならないものまでこのプールに入れて表示していたのです。

流動性プールの中には、リーマンの取引を立て替えてくれる銀行に預託している現金もあります。相手銀行はリーマンの支払いを立て替える前貸しの信用に穴があかないようリーマンには預託金を求めます。一種の証拠金でしょう。これがリーマンの自由になる現金などの流動性になるわけがありません。純粋の流動性から控除しておくべきものです。

リーマンは２００８年８月25日に5億ドルをバンクオブアメリカに出していましたが、バンカメ側からみればリーマンの決済を立て替える場合の預託金にすぎません。他方、リーマン側からすれば、この金は請求すると3日後に支払われますが、そうするとリーマンは決済の立て替えをしてもらう金融機関を失います。だから、預託し続けるしかありません。いずれにせよ、この預託金はリーマンの自由になるお金ではありません（〈Valukus〉1405-04,1511）。

このような流動性プールの過小申告を、ニューヨーク連銀は問題にしていたものの、この問題性を公表させるような指導はしていません。SECもリーマンが破綻するまではこの問題をよく理解していませんでした。理解したのはようやく9月12日のことです。格付け会社のムーディズはリーマンの流動性の状態は、資金調達の強さの裏付けであるとさえ評価していたくらいです（2008年4月15日.〈Valukus〉1415）。

みられるようにリーマンの流動性プールの中には、実際にはリーマンが自由にできない資金が多かったのです。その資金は担保に入っている状態だったのです。それがバンカメなどの商業銀行に預ける預託金（合計250億ドル）です（〈Valukus〉1453）。

報告上はリーマンの流動性プールは421億ドルです。市場の参加者はこの規模ならば流動性リスクに対するリーマンの対応は十分だと思っていたくらいです。そのうち換金性の高いものは338億ドルでした。しかし、9月10日には担保引き渡し請求に応じたので376億ドルに減りました。他方、換金性の低い分は273億ドルへと増加しています。そして9月12日金曜日、その流動性プールは合計325億ドルとなっているものの、換金性の高い分は24億ドルにすぎません。換金性が低いものが大半だったのです〈〈Valukus〉1452〉。ところが、9月15日になると45億ドルの支出を見込んでいました。流動資産ではこれに対応できないので破産申告の手続に移ります。リーマンの流動性は市場や同社が考えていたよりもずっと悪かったのです。溺れるリーマン。最後の藁もつかめなかったのです〈〈BOE①〉2011年6月,13,〈Valukus〉1403-04,1523-1536〉。

8 金融版ジャストインタイムの限界を示したグローバル・フィナンシャル・インバランス

リーマンが破綻すると取引相手、そしてさらにその取引相手の間の信用の取引が麻痺します。信用の鎖が寸断され、再生産の連鎖も断ち切られます。現代の金融機関は部門間を超えて相互の取引・連携を深めており、一部門の一金融機関が破綻すると、その衝撃は同一部門の金融機関にとどまらず他の部門の金融機関にも拡大波及する。いわゆるドミノ効果です。精妙に創りあげられている信用機構の鎖は密接に絡みあっていたのです。

かつての金融危機の場合、「件の金融機関は大きすぎて潰せない」でしたが、リーマン・ショックの場合は**「金融機関同士が繋がりすぎていて潰せない」という新たな例**が出現しました。

金融市場は非常に神経質です。ある時は、グリーンスパンのいわゆる「根拠なき熱狂」に駆られ、ある時は過剰なリスク逃避に走ります。ハイリターン・低リスクが喧伝される資産バブルの時は流動性が過剰になり、この幻想が崩れてハイリスクが前面に出ると、流動性はたちまち涸渇します。多くの金融機関が支払い不能になり、金融機構自体もメルトダウンしかねません。

流動性が豊富であり現金をいつでも手にできるという状態が虚構と判明する時点、それがバブルの崩壊のときなのです。ひとたび信用不安の嵐が吹けば、このような虚構は一度にかき消されます。昨日まで熱狂の宴に浸っていた投資家は、危機の匂いを嗅ぎつけ、いっせいに資産の投げ売りに転じます。

破綻したリーマンは爆弾を探知する犬を本社の玄関に飼っていたそうです。残念ながら、その犬は金融上の大量破壊兵器は嗅ぎ分ける嗅覚を持ち合わせていなかったようです。

リーマン・ブラザーズに典型なとおり、多くの金融機関は過大な金融レバリッジを駆使し、高い収益の見込まれる、しかしいざという時には流動性を欠く証券化商品を大量に仕入れていました。しかも資本効率を優先するあまり、膨張し続けるバランスシートの規模に比べ、損失発生の備えに欠かせない資本や準備金は過小のままにです。

波が引かない限り、誰が海の中で裸で泳いでいたのかわからない。しかし波が引くと話はちがってきます。水着を着けていないとまずいでしょう。過小資本と高レバリッジという資本効率性に偏重した金融版ジャストインタイムの大きな欠陥です。借金を膨らませ、資本を過度に切り詰める、在庫ならぬ「資本なき」高レバリッジ経営の顚末です。

効率的で精巧な金融機構は外的ショックには非常に脆いのです。２００７年以前、世界の銀行業は、多くの非常に複雑な、国境をまたぐ、金融ネットワークを構築してきました。特に金融当局の規制の及ばない「影の銀行」（shadow banking）を活用し、金融レバリッジを最大限まで膨らましていたのです〈〈米倉①〉41-47〉。自己資本を少なくし、借金を多くする、効率的資産運用がうたい文句でした。世界は「グローバル・インバランス」でなく、「グローバル・フィナンシャル・インバランス」の罠にはまっていたのです。**このインバランスがやがて臨界点を迎える。それがリーマン・ショックだった**のです。

長く続いた「大いなる安定」はリーマン・ショックで劇的に幕を閉じますが、欧州ソブリン危機が第2幕に控えています。本章のタイトルが示唆するとおり、グローバル・フィナンシャル・インバランスは奥底深く広がり続けているのです。

第7章　ユーロ圏の銀行の自己資本は〝うす皮饅頭〟

——〝毒入り資産〟が飛び出し、〝破れまんじゅう〟へ

1　英米日に比べ、バランスシート整理の遅れの目立つユーロ圏の銀行

リーマン危機の際、欧州の銀行の資本注入を主導したブラウン元英国首相によれば、2010年の時点においても欧州の銀行総体は過小資本であり、必要な資本増強が遅れています。ユーロ圏の銀行は2008―09年の間に300億ドルの資本を調達したものの、2010年には40億ドルにすぎません。他方、米国の銀行はその間、5倍の資本を調達しています。欧州の銀行は必要としている資本をまだ調達していないのです。しかも、欧州の経済は米国に比べ、資本市場よりも銀行に資金調達を頼る傾向が強い。欧州の企業は銀行へ資金調達の80%も依存していますが、米国のそれは30%程度です。したがって、欧州における銀行の資産圧縮＝貸出減少の打撃は米国と比べものになりません。銀行部門が振るわないと欧州全体の成長を抑制することになります〈Brown〉183,FT2011年10月13日)。

さらに悪いことにユーロ圏の銀行はユーロ圏の5つの最も困難と見られる諸国（PIIGS）へ

の貸し出しに深く関与しています。世界の銀行部門（国内銀行を除く）では、ＰＩＩＧＳ向けの公的、民間貸し出しは２００９年末で4兆ドルですが、その4分の3は欧州の銀行が占めています。その内のほぼ3分の1はフランスの銀行、ほぼ4分の1はドイツの銀行のものです。しかも欧州の金融機関はＥＣＢから８０００億ユーロ以上借り入れています。英米の銀行は民間で資金調達をしているのに、欧州の銀行は中央銀行にかなり頼っているのです（FT2010年6月4日）。

2　体質改善が進まないのに大きな借り換えを控えるユーロ圏の銀行

ユーロ圏の銀行は２０１０年10月以降の2年間に4兆ドルの負債を借り換えなければなりません。この借り入れを成功させるためには、銀行にはリストラや資本増強、合併、撤退等が求められますが、これが経済回復のアキレス腱となっています。過小資本問題のうえにソブリン市場の混乱が追加されます。ソブリン問題と銀行のバランスシートの脆さという2つの問題を抱えているのです。ユーロ圏の銀行システムは負債の40％以上を卸売市場に依存しています（中央銀行からの借り入れを含む）。特にソブリン問題の渦中のユーロ数カ国がＥＣＢ欧州中央銀行への依存を強めています。他方、日英米は25％にすぎません。さらに欧州の銀行にとってはドル資金借入も依然重要な資金源です（〈IMF③xix.15〉）。

ユーロ圏の銀行は米国のそれよりも資金調達においてはるかに弱い状況にあります。だから資金調達ショックに対し、米国のそれよりも格段に弱いのです。米国の銀行の場合、Ｆｅｄから証券を買い取ってもらっています。Ｆｅｄは追加的流動性を供給し、全体の借り換え需要を削減しているからです〈〈IMF③〉16〉。

ユーロ圏の銀行はドル依存症によるグローバル・フィナンシャル・インバランスの状況を脱していません。しかもギリシャ国家債務偽装問題から起きたソブリン危機の打撃も受けています。だから、米国や日本の銀行に比べ、ユーロ圏の銀行の脆弱性が脚光を浴びているのです。

3　資金調達に不安材料を抱えるユーロ圏の銀行——米国と欧州の非対称性

欧州の銀行システムの資産規模（推定55兆ドル）は米国の4倍以上です。しかも、預金よりもはるかに気紛れで安定性のない市場性資金に依存しています。およそ30兆ドルを市場性資金（卸売資金）に依存しています。何と米国の10倍以上なのです。

２０１１年10月、欧州の無担保債券市場はいくつか発行があっただけであり、第３四半期の間はほとんど開店休業でした。市場性資金があてにできない状態でした。市場性資金へのアクセスに限りがあるので、欧州の銀行は借り換え時期を迎えても、新規債券の発行で資金を調達できないので、内部でかき集める現金で返済しなければなりません。

市場性資金の30兆ドルが満期平均が３年とすると、欧州の銀行は月あたり８０００億ドル以上を内部でかき集め、満期を迎えた債務の返済をしなければばならない。これは借り換えができなければおよそ持続不可能なことです。だから欧州の銀行は中央銀行に頼らざるを得ません。しかも自国の

ＥＣＢだけでは足りません。米国のＦｅｄにも一肌脱いでもらうしかありません。

米国の場合、市場性資金の問題をうまく処理しています。２００８年の危機の時、米国財務省は一番健全な銀行から優先株２０００億ドルを購入し、弱い銀行は破綻させるがままにし、その結果、卸売市場の資金ひっ迫の問題は解消し、アメリカの金融システムにおける資金調達の径路は破断されずにすんだのです（FT2011年10月25日）。

リーマン・ショック以降も、欧州の銀行は米国商業不動産担保証券やサブプライム関連証券をかなり保有しています。当然ながら、これらの資産は主に米国で発生したものですが、米国の上位銀行は、欧州の銀行よりもずっと早くこれらを除去しています。欧州の銀行は２００７年以来、〝毒入りまんじゅう〟資産のストックをおよそ半分削っている程度ですが（平均）、米国の上位３行（バンカメ、シティ、ＪＰモルガン・チェース）は同期間に優に80％以上処分しています。欧州銀行の上位16行は２０１１年11月の時点で、潜在的に危ういクレジット商品や不動産担保証券を約３８６０億ユーロ保有していました。これら同じ銀行が２０１０年末に保有していた３３９０億ユーロの欧州周縁諸国（ＰＩＩＧＳ）の国債よりも多いのです。要するに民間、ソブリンを問わず、問題の多い資産を抱えているわけです。

これは**欧州と米国の銀行の金融文化の違い**によるものでしょう。米国の銀行は損失が出ると、資本を増強し処理しているのに、欧州の場合、価格が戻るのを期待して資産を処分しないまま、欧州周縁ソブリン債券も抱えていたのです（WSJ2011年11月7日）。

フランスの銀行も市場からの資金調達で苦労しています。ソシエテ・ジェネラルの場合、ドル資金調達の規模は、通貨スワップを通じ6月末の720億ドルから8月半ばまでに530億ドルへと減少しています。またドル建ての不良資産を処分し、短期市場での借り入れを減少し、担保付きドル資金調達への切り替えを増加させていました。大手の金融機関が破綻するという噂も強まっています。フランスの銀行への貸出が急減したのは、フランスの銀行が欧州ソブリン債に深く関わり資金繰り不安があるからです。もちろんフランスの銀行は営業においてドル調達が不足していることは表向き、否定しています（FT2011年9月13&14日）。

この点、フランス銀行中銀総裁ノワイエも自国の銀行への不安解消に躍起でした。フランスの大手銀行（BNPパリバなど）は貿易取引が多く、貿易決済のためのドル資金が多いので、ドル流動性が問題になるときにフランスの銀行にとって不安材料となりますが、フランスの銀行は自己資本は厚く、不良債権は抱えていないと説明していました（日経2011年10月7日）。

このように欧州の銀行は米国のそれよりも経営は不安定なのです。Fedの調査によると、11月初旬までの過去3カ月で欧州に本拠を置く銀行や同銀支店に対し、融資や融資枠を実行した米銀は25行ありますが、その内、10行はその基準を「かなり厳しくした」、7行は「幾分厳しくした」そうです。「基本的に変更なし」は8行だけです。米銀は欧州の銀行に対し与信厳格化の方向に進んでいたのです。

とすれば、米企業向けに多額の債権を持つ欧州の銀行の米国拠点は資金繰りがきつくなります。

さらに米国では、外銀は個人預金の受入でも制限されており、ドル建て融資の源泉はCP発行に頼っています。ところがこのCPの主な購入主体はMMFなのです。そのMMFはリスクに敏感な短期資金の供給源であり、信用収縮に敏感です。したがって欧州の銀行がこれに頼りすぎることは流動性の観点からも問題となります（日経2011年11月8日夕刊,同夕刊11月10日）。

4　ユーロ信用危機勃発でも解消しないユーロ圏の銀行のドル依存症

しかもユーロ圏の金融機関によるドル依存体質は2011年の時点でも克服されていません。すでに第5章でもみたように、MMFの取付けが生じた時に一番打撃を受けたのがドル依存の強い欧州の銀行でした。そのMMFは今回のユーロ信用不安でもユーロの銀行を忌避しているのです。

欧州の銀行はリーマン・ショックの後、2008年の時とは対照的に、ドル資金調達を満期を1週間未満に短縮し、ドル資金借入更新の需要を減らしてきました。また国際的銀行は2011年前半、資本市場での比較的良好な状況で資金調達し、米国の支店や子会社のバランスシートにドル現金を積み上げてショックに対する緩衝を積み上げていました。Fedのデータによると、米国の銀行システムにおける超過準備のかなりの部分が外国の銀行のバランスシートで増大しています（〈ECB②〉2011年12月,59）。

とはいえ、2011年にも、欧州の銀行が抱えるドル資産は十分に整理しきれていません。そのドル資産が傷むと銀行の自己資本を損壊させます。また逃げ足のはやいMMFに資金調達を頼る状況も同じです。

特に問題になるのがＭＭＦです。２０１０年以降、欧州ソブリン危機が本格化して以降、ユーロ圏周縁国の国債を保有する銀行も連鎖的に損失を被っていますが、これにドル建てＭＭＦが敏感に反応します。２０１１年5月以来、ドル建てＭＭＦはユーロ圏の銀行への貸出を著しく制限、貸出期間も大幅に縮小しています。フランスの銀行が発行するＣＰ、ＣＤの平均満期は２０１１年３月末の80日から２０１１年8月末の40日にまで減少しています（ECB②2011年12月90-91,117,FT2011年12月2日）。ユーロ圏の銀行のＭＭＦへの依存は債務全体における比率は高くないものの、絶対額はかなりのものです。市場が緊張した状態では他の資金に取って代わることは困難となったり、高くついたりします。

ＭＭＦをつうじたドル市場資金調達は著しく減退しており、２０１１年10月、米国のＭＭＦ全体の欧州の証券保有は9月に比べ９％、また5月以来42％も下落しています。特に警戒されているのがフランスの銀行です。欧州のソブリン危機が欧州の銀行に及ぼす深刻な影響が懸念されているからです。

ユーロ圏の中でソブリン危機にある国の国債を一番保有しているのがフランスの銀行です。フランスの銀行がドル建てＭＭＦという資金源に頼ることの危うさがうかがわれます。ＭＭＦが購入するはずのフランスの銀行の発行するＣＰ、ＣＤは5月末から8月末までに３４０億ドル減少しており、満期も短期化しています。ＢＮＰパリバとソシエテ・ジェネラルはＭＭＦからの資金供給が細り、米国からの投資を引き揚げなくてはならなくなりました。

しかしこれは米国における不動産担保証券の投げ売りにつながり、これはこれで米国経済も性急なレバリッジ解消の衝撃を受けます。リーマン・ショックの再現になります。そこでＦｅｄはこのような資金ひっ迫の状況を恐れ、11月30日にドル・スワップ協定を発表し、各国中央銀行を通じてドルを無制限に供給する行動に出ます。

5　ユーロ圏の銀行の信用リスク軽視はサブプライム証券でもユーロ国債でも同じ

銀行は一般にリスクフリー資産として国債を保有してきました。これがギリシャ問題をきっかけにリスクフリーでなく危険がいっぱいの資産に転じたのです。これはサブプライム問題の国家版でしょう。サブプライム危機の時、トリプルAに格付けされていたはずの不動産担保証券が住宅価格の急落、低金利状態の終了から急落したのと類似した状況です。この証券を高レバリッジで保有していた金融機関の多くが流動性危機、資本不足に直面しました。今回は民間の資産に代わり、リスク・フリーのはずの国債が暴落しています。保有する資産が国債なのでユーロ圏の銀行は資本をあまり積み増してきていません。リーマン・ショックの後遺症もあり、ドル建て資産の保有もバランスシートに重くのしかかっています。２００８年の金融危機の後遺症が欧州ソブリン危機と重なっている。それが**ユーロ圏の銀行特有の資金繰りのきつさ**なのです。

中央銀行総裁経験者グリーンスパンの箴言はここでも効いています。かの『波乱の時代』の著者グリーンスパンは2005年8月に警告しています。「リスクプレミアムの低い時代が長引いてしまったことに対し歴史が慈悲深く振る舞ったことはない」(〈Greenspan②〉485)。リスクプレミアムが異常に低かったのは何もサブプライム問題に限りません。欧州ソブリン問題もその絶好の例でした。それが無慈悲にしっぺ返しを食ったわけです。

6　フランスの銀行は自己資本増加に熱心でない

フランスの銀行が否定的に見られるのにはわけがあります。自己資本増加にあまり熱心でないからです。投資家はフランスの銀行が増加する損失を吸収したり、潜在的なソブリン・デフォルト・リスクを吸収できる十分な資本があるのかどうか懸念しています。危機の時には蒸発する短期金融に依存しているからです。例えば、BNPパリバ、ソシエテジェネラルは市場から取り入れている資金の70%以上は1年以内に満期になるものです。投資家の逃避に一番曝《さら》されやすいのです。

もちろん、フランスの銀行はこのような見方に反論します。BNPパリバは資本準備を570億ユーロにまで増加させ(3年前は290億ユーロ)、ソシエテジェネラルも南欧州への投資を限定し、2007年以来、短期資金調達を17%減少させ、預金と長期資金の調達を増強していると主張します。実際、2008年後半と2009年初旬、フランスの銀行は政府資金を200億ユーロ受け入れ、それで資本準備の増強に努めましたが、その大半を1年以内に返済しています。

だからフランス銀行協会は2010年春、資本と流動性を過剰に求めることは経済回復の障害になると主張しています。そして２０１１年7月半ばに発表されたストレステストをフランスの銀行は容易にパスしています。しかし、投資家とアナリストは疑いを持って反応しました。８月半ばにＩＭＦは警告しています。フランス出身の専務理事ラガルドは、緊急の資本強化が求められており、「これが汚染の連鎖を断ち切る鍵となる」と主張しました。

彼女はリーマン・ショックの時はフランス蔵相でした。そのような人の主張なので、投資家も驚きますが、フランス銀行総裁はラガルドが何を言いたいのか理解できないと反論し、フランスのラジオで、「ラガルドは恐らくＩＭＦのスタッフから情報の提供がかなり不足しているのだろう」と皮肉りました。しかしフランスの銀行はどんどん短期市場から閉め出され、株価も急落しました。ラガルドの真意は、欧州の銀行の信用収縮＝貸出減少が起こらないよう資本強化を要望しているだけのことだったのですが。

そういう矢先にフランス系の金融機関のデクシアが破綻します。デクシアは鉱山に入るカナリアにたとえられていました。だからこのカナリアと一緒に鉱山に入るフランスの銀行も危ないということになります。しかもデクシアは２０１１年７月15日に行なわれたストレステストにパスしていた金融機関です。パスしたのにはわけがあります。デクシアは欧州ソブリン債保有における損失を計上していなかったのです。

同行は10月初めに公的救済を受けます。同行は２１０億ユーロもギリシャ、イタリア等の欧州周縁諸国の国債を保有していましたが、この保有は市場性資金に過度に依存したものでした（**図9**）。

図9　欧州の銀行の資金調達に占める預金の比率
（預金/資金調達額）

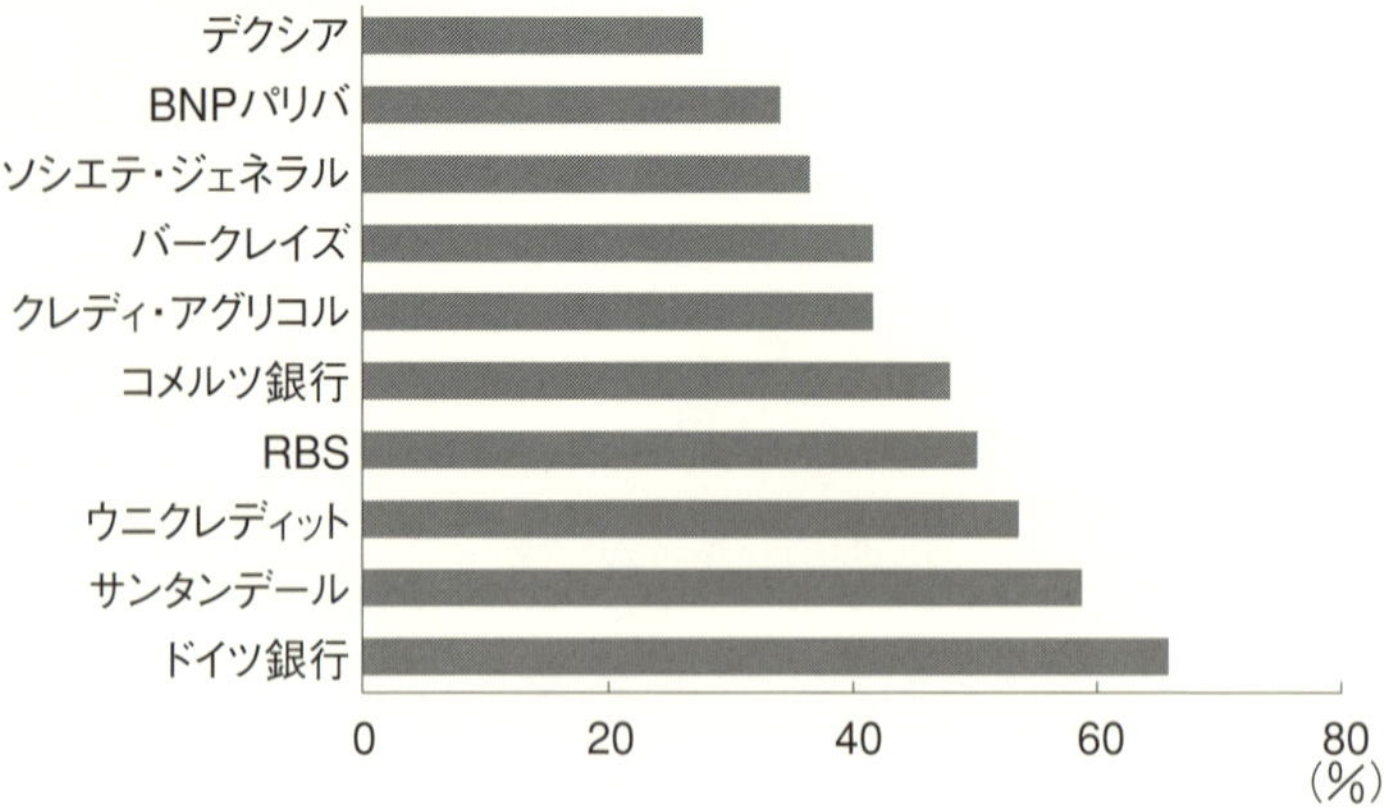

（出典）〈内閣府〉108。資金調達額とは預金、借入金、レポ取引の合計。2010年の数値。原資料はBloomberg

自行のバランスシートの穴を埋めるために10月には1000億ユーロの短期資金を必要としており、毎日100億～2000億ユーロを市場から調達していました。自転車操業そのものです。

デクシアのECBからの借入は4月の170億ユーロが7月初旬には400億ユーロに膨れあがります。これは同行が担保として提示できるものがある限りの話です。そして8月にECBが欧州の銀行に供給した流動性は5000億ユーロにまで膨れあがります。本来、銀行が資金調達を継続できるのは通常の業務に利益がある時です。しかしデクシアの場合、8月4日、第2四半期の損失が40億ユーロになったことがわかりました。当然、他のユーロ圏の銀行も同様の状況になっているという恐怖の連想が膨らみます。危機を切り抜けるのに要する資金は保有資産を処分すれば確保できるというのは、全くの幻想であることはノーザンロック、ベア・スターンズ、リーマン・ブラザーズの例をみれば明らかです〈《米倉①》101-104,〈米倉②〉121-127,136-139,142-145〉。

実は同行は2008年にも救済を受けていましたが、バランスシートの43%は短期ローンでファイナンスされたものでした。他の銀行は一桁の比率だった時にです。

こうして欧州では信用収縮の効果は企業にも及んでいます。2011年第3四半期年に、欧州では新規ビジネスの貸出基準はとくにフランス、イタリアがきつくなっていました。これと対照的に、米国では信用引き締めの証は少なく、2011年10月も事業への貸出基準は弛み続け、商業、産業企業への貸出増加は秋の間にも続いていたのです〈BOE②〉2011年12月14日〉。

こういう状況をくみ取っていたのでしょうか、ラガルドの前任のIMF前専務理事ストロスカーンは9月半ばのフランスのテレビにおいて、欧州の銀行と政府はソブリン債務危機解決をもはや遅らせることはできない、と強烈な皮肉をこめて主張しています。「欧州でひんぱんに起きることとは、あまり動かないか、動いたとしても時すでに遅しとなるか、それとも、動かず、しかも行動が遅すぎる、そのいずれかである」。実際、デクシアも破綻しました。もっともこのストロスカーンはある個人的理由からIMF専務理事の地位を降りていますが。

とまれ、ことあるごとに、フランスの銀行と金融当局は資本比率規制で防衛策に出てきました。2009年後半、フランスの銀行は、当時のIMF専務理事のストロスカーンに欧州の銀行の健全性に関し説得しました。2010年3月、スイスのバーゼルの会議はフランス側が資本規制ルールをつぶしたので紛糾しました。２０１０年4月、ニューヨークで、フランス銀行総裁ノワイエは資本比率の過大な規制を導入しないよう銀行家に注意しています。２０１０年パリで連合王国の提案は素っ気なくフランス銀行に拒否されています。フランスの銀行に関する情報を増やすよう求められたからです。２０１１年1月ロンドンではフランスとドイツの規制当局は足並みをそろえ、ＥＵのストレステストは公開しないよう主張したのです。フランスは自国の銀行の資本規制に反対の姿勢をとり続けているわけですが、投資家側は当然、その理由を勘ぐるでしょう（FT2011年10月26日、WSJ2011年10月21日）。デクシアというカナリアが危機を歌っていたのですから。

なお米国にもカナリアの変種がいます。欧州ソブリン債券の流動性危機のガスを吸い込み、窒息してしまいます。先物やデリバティブの取引の仲介大手のＭＦグローバル・ホールディングも泣きました。同社の欧州国債投資はおいしい取引のはずでした。デクシアの場合と同様、高利回りの欧州債券に投資するために安価に借入資金を調達し、欧州国債から得られる金利の差で大もうけするのです。これをキャリー・トレードといいますが、カナリア（canary）といわれたデクシアがcarry tradeで泣いてしまったのに共鳴したのでしょうか、ＭＦグローバルも泣きました。

欧州ソブリン危機があり、欧州の周縁国の国債は危険な投資先のはずです。しかし、欧州国債にはＥＦＳＦ（欧州金融安定基金）の保証があり、同社が購入した債券はＥＦＳＦの保証が切れる２０１３年6月以前に満期になるものなので、この保証の続くかぎり、同社は確実に大きな利鞘を稼げます。

しかしそこには大きな落とし穴がありました。安価に資金を手に入れるため、件の欧州国債を担保にしたレポ取引を行ないますが、この担保の国債の価値が下がると、ＥＦＳＦの保証があるにもかかわらず、同社はその分を埋め合わせるため、取引相手に担保を追加拠出しなければなりません（追い証のようなもの）。こうして同社は流動性で行き詰まるのです。

ＭＦグローバルは9月末の時点、自己資本を大きく上回る欧州の国債を約63億ドル保有していました。ムーディーズなど格付け会社は同社の社債格付けを投機的水準のレベルと判定したので、同社の信用力は急低下します。信用力が低下すると取引相手は担保追加をどんどん要求します。格付けが下がると資金調達コストも上がります。この結果、顧客と取引相手の信用を失ったのです。

ＭＦグローバルが破綻したのは欧州国債投資のせいでなく、そのバランスシートが突然、信用を失ったからです。これはリーマンの破綻の時の再現です。カウンターパーティと顧客はＭＦグローバルの財務に不安を抱き、同社からお金を引き揚げたのです。これが同社の流動性に決定的な打撃となります。

これでＭＦグローバルのＣＥＯコーザインも、パラシュートなしの脱出です。約１２００万ドルの退職金（ゴールデンパラシュートという）も受け取らずに退任です。しかし深刻な問題が残っています。ＭＦグローバルが預かっている顧客の現金が行方不明なのです（16億ドル）。顧客の金はＭＦグローバル自身が別の取引相手に差し出す担保として利用されてしまったのです。自己勘定取引の損失を埋めるために顧客の資金に手をつけてしまったからです。リーマンの場合と同様、顧客の金を利用し自身の資産運用を膨らませていたことになります。

ちなみにコーザインといえば、１９９４—06年の間、ゴールドマンサックスのＣＥＯであり、２００１—06年の間、ニュージャージー州の上院議員、２００６—10年は同州の知事でした。同社にはもうひとつエピソードが加わります。かのヘッジファンドで有名なソロスは、破綻したＭＦグローバルから20億ドル分、欧州債券を引き取っています。その後の５週間に欧州の債券市場が回復したので、かなり儲かったはずです（FT2011年11月5&6日,12月9日,WSJ12月2,6,9日,2012年2月7日,23日,日経2011年11月1日及び夕刊2,5日）。

7　ユーロ圏の銀行に自己資本強化を迫る米国財務長官

このようにユーロ圏の銀行は米国のそれと比べても問題が多いのです。実際、当のＥＣＢの専務理事もその点を認めています。過大なレバリッジを取りすぎ、また不適切な規制を受けていた金融セクターによる過剰なリスクテークが、今日の金融上の混乱の源泉のひとつであるというのです。しかも、ユーロ圏の政府はユーロ参加の条件に併せて財政政策や競争力をつける政策を調整することを怠ってきており、それが今日のソブリン債危機の中心問題であると指摘しています（ゴンザレス・パラモＥＣＢの専務理事、２０１１年11月４日）。

そして米国の財務長官のガイトナーは欧州の銀行のストレステストの実施を強く迫りました。それが２０１０年7月に実施されました。その結果、欧州の銀行91の内、7行が資本不足（その額は35億ドル）でした。米国はすでに２００９年にそれを実施しており、19行の内、10が７４６億ドルの資本注入をうけています（WSJ2010年7月26日）。

さらに、米国の財務長官は２０１１年9月16日、ユーロ圏の首脳に対し、金融市場に対する「破滅的なリスク」について警告します。もし欧州がギリシャから引き起こされた混乱から他のユーロ諸国を隔離する防護壁（fire walls）を設けなければ、「債務不履行の雪崩現象、銀行取付と破局的なリスク」が現実化すると警告しています。ＩＭＦ専務理事のラガルドも同じように警告します（2011年9月27日）。「世界経済が現在直面している危険な新たな段階」を警告し「大胆で協調的な行動をとるよう」求めたのです（IMFのホームページより）。

8　ユーロ信用不安の筆頭に挙げられているフランスの銀行

ＥＣＢは２０１１年12月の報告書において、ユーロ圏の銀行の資金繰り難を率直に認めています。これによれば、米国のドル市場の流動性は豊富な状態が続いているのに、欧州の銀行のドル流動性は悪化しているというのです。欧州の数カ国の財政問題と欧州の銀行のいくつかの状況に関する懸念のためであり、米国の投資家と銀行は量、期間のいずれでも欧州の銀行への貸出を削減しているというのです。面白いことに、この報告書はこのような明暗の一因をＦｅｄの種々の緩和政策に求めています（〈ECB②〉2011年12月,56）。

その場合、端的なのがフランスの銀行です。フランスの銀行は卸売市場への資金調達に依存し、相対的に資本は過小なのに、バランスシートが大きいからです。この典型例がデクシアであることは**図9**ではっきりしています。しかも、ギリシャなどユーロ圏周縁諸国への投資残高が多いのです。だからフランスの銀行は米国ドル資金に依存してリスクの高い資産を抱える状態を縮小しなければならないのです（FT2011年11月22日）。このことが反映されているのでしょう、米国では欧州の銀行の預金の流出が増加しています。２０１１年12月初めまでに、米国で営業する外国所有の銀行の預金は、２０１１年５月末から12月初めまでに２９１０億ドルも下落（25％の減少）しています（FT2011年12月25日）。

そして欧州の銀行は２００７—08年と同様の問題に直面します。ドル資金を短期借りして長期のドル資産に運用する危うい資金調達構造から抜け出せていません。米国の銀行、あるいはノンバンクのＭＭＦがドル資金供給を絞り込み、２０１１年11月30日、米国と欧州の中央銀行間ドル・スワップ協定によるドル供給に頼らざるを得なくなったのです。欧州の銀行は短期資金調達への依存度を深めていたからです。短期資金の調達は借り入れ更新ですまされるという想定が崩れたのです。しかも欧州銀行当局によるストレステストにかけられた90の銀行は、ＥＵのＧＤＰの45％に相当する５・４兆ユーロを今後２年間に借り換えなければならないのです（FT2011年8月5日）。

9　米国のＦｅｄのドル・スワップに頼らざるを得ないユーロの銀行のドル依存症

またまたユーロ信用不安においてユーロ圏の銀行のドル依存症が露わにされたわけですが、これは米国の銀行にとってもただではすみません。これが米国における不動産担保証券の投げ売りにつながり、米国経済も性急なレバリッジ解消の衝撃の巻き添えをくらいます。まさにリーマン・ショックの再現になってしまいます。

そこでＦｅｄはこのようなバランスシートの急縮による資金ひっ迫の発生を恐れ、２０１１年11月30日にドル・スワップ協定を発表し、各国中央銀行を通じてドルを無制限に供給する行動に出ました。この場合、スワップを発動する理由がもっぱら欧州向けだったことに注意すべきでしょう。

Ｆｅｄはその点を婉曲に伝えています。世界の金融システムに流動性を供給するものであるとする一方、「米国の金融機関は目下の所、短期資金調達市場で流動性を得るのに困難はない。状況が悪化するとすれば、連邦準備はこのような金融機関へ流動性の歯止めを提供できる一連の効果的な手段を用意している。そして、そのような手段を必要あり次第活用して金融安定を支え、米国の家計と企業へ信用拡張を増進する用意がある」としています（Fedプレスリリース2011年11月30日）。

２０１１年末時点、Ｆｅｄが世界の中央銀行へ供給したドル資金残高（約９９８億ドル）のうち、ＥＣＢ向けは８５４億ドル、供給額の約85%を占めています。年末までの１カ月間に40倍も膨張しています（日経2012年1月3日）。まさに11月30日のドル・スワップ協定の効果が端的に表われており、欧州の金融市場のドル資金供給がいかにひっ迫していたかを鮮明に示す数値でしょう。

したがって、今回のドル・スワップ協定も、欧州から見れば、ドル依存症の継続であり、米国から見れば、**Ｆｅｄが国内の「最後の貸し手」にとどまらず、世界における「唯一の貸し手」の役割を果たしたことの証**となります。

第8章 欧州中銀ECBは本当に中央銀行？

——金融危機の最中に「最後の貸し手」を拒む体質

1 欧州ソブリン危機で見直しを迫られるECBの責務

ユーロ圏の場合、各国の通貨は共通であり、金利もECBでひとつですが、財政はユーロ圏の諸国に任されています。財政はユーロ圏の各国政府、金融は統一通貨の守護神ECBへと分離されるわけです。その結果、本来は一体的に運営されるはずの財政・金融政策はユーロ圏17カ国でバラバラとなります。**財政と金融が一体化しないと、放漫財政に対する歯止めがかけにくい状態**のはずなのに。各国の政治は経済・財政・政治同盟がないのに通貨をひとつにしてしまった弊害です（もともと政治と財政の統合は無理。だからEUの中の英国は賢明にもユーロに加盟していない）。

2008年9月のリーマン破綻を発火点とした世界金融危機はこのような**ユーロの構造的問題点**を浮き彫りにさせます。ユーロ加盟諸国は自国の金融システム救済、あるいは景気政策のため、積極的な財政政策を取らざるを得なかったのですが、この財政出動に欠かせない赤字国債の発行には大きな制限があったのです。

ユーロ諸国は過剰な財政赤字を禁止されており、ＥＣＢも政府債務の引受を禁止されています。そのため、ユーロ圏の国が財政危機に直面した場合、**ＥＣＢは金融支援はできない、否、してはいけない**のです。いざ財政危機が発生し国債が暴落しても、ユーロ圏の財政金融政策には機動的に出動できる制度を欠いているのです。

実はＥＣＢの金融政策は平穏時を想定したものにすぎません。健全通貨保持の立場から、物価安定が最大の目標におかれているだけで、金融危機の時にどのような防止措置を講じるのか、それが明記されていません。それも当然です。物価安定と並ぶ重要な目標であるはずの**景気安定の責務が明記されていない**からです。これは中央銀行としては異例のことです。

そのためなのでしょうか、リーマン・ショック、欧州ソブリン危機と立て続けに起こる金融危機に対し、最近のＥＣＢは金融政策における標準的政策と非標準的政策の区別を強調するようになりました。「非標準的政策」に言及せざるをえなくなったのです。

ＥＣＢはこの非標準的政策に言及し、金融市場が機能不全に陥り、本来は支払い能力のある民間の銀行が流動性悪化で支払い能力を失いかねないときには、ＥＣＢが金融市場に流動性を供給するというのです。逆に見れば、民間の銀行の資金繰りが悪化した時に果たされるべき「最後の貸し手」的な機能は、非標準的な、非常時の手段にすぎないという位置づけです。

しかしＥＣＢが物価安定を最上の使命とするならば、金融商品等の資産価格の安定も物価安定の範疇にはいってもよさそうなものです。ＥＣＢは統一金利です。特に中央銀行の金利は国債利回りと強く連動するはずです。ＥＣＢが金利を安定的に保持するとすれば、それは国債価格にも反映されるはずです。中央銀行金利と国債価格は安定的に連携しないと不都合なはずです。

2　中央銀行の決める金利と国債や資産価格は不可分の関係にあるはず

国債価格の安定は民間の銀行にとっても死活問題です。民間の銀行は自己資本比率維持のための安定的資産として国債を保有しています。国債価格が安定せず暴落すると他の金融商品の価格も強い下落圧力を受けます。これでは資産デフレになる。資産デフレが深化すると一般物価もただではすみません。

このような問題は、ギリシャソブリン危機が起こる以前の、ユーロ圏諸国の国債利回りがドイツの国債に収斂する傾向にあるかぎり、特に大きな障害はありませんでした。

ところがギリシャ危機で中央銀行金利と国債価格の関係の重要さが浮上します。本来ならばユーロ圏内の各国の財政事情や経済力を反映して国債の利回りが決まるはずなのに、ドイツの国債価格に収斂する異常さを市場が認識したのです。**財政が各国バラバラなのに、国債利回りがドイツのそれに収斂しているのは本来不可思議なことである**、と市場も正気に返ったわけです。

経済学的には適正なことが現在進行しているだけのことです。しかし金利は統一されているのに国債価格がユーロ圏内各国でバラバラに動き、暴落する国債と安全な逃避先として選好される国債に両極化することも、これはこれで異常なことです。国債はレポ取引などで銀行間の資金貸し借りに欠かせませんが、暴落する国債はレポ取引の担保に使われないでしょう。すると国債価格を基準として価格や格付けが決まる他の民間の金融商品価格のボラティリティが高まり、景気にも悪影響を及ぼします。これが経済の購買力低下につながり、物価にも大きな影響を与えます。

したがって、ECBの優先課題とされる物価安定に国債の価格が対象に入っていないと、本来の目的の物価安定につながりません。ECBは物価安定それ自体に傾注するあまり、**金融安定の監視が疎かになっているとみてよいでしょう**。日英米の中央銀行は濃淡の差はあれ、物価と景気の双方の同時安定を目標にしているのとは実に対照的です。

とはいえECBの中期計画には景気に関連する配慮もなされています。通貨金融政策の遂行上、金融上の不均衡や資産価格の不釣り合いをしっかり考察するとうたっています。資産価格の不均衡を問題に取りあげているのです（ECB①2010年11月,79,82）。これは単なる物価安定の話ではないはずです。

ところが、ECBの通貨政策戦略における物価安定の定義には、資産価格や金利は特に念頭におかれていません。また金融恐慌の時の特別措置も特に明記されていません。非常時の話はなく、予定調和説に終始しているだけなのです。

これではECBが資産価格の下落に歯止めをかける責務はなくなります。ユーロ圏にとって資産価格の代表は欧州ソブリン債のはずですが、ECBはその国債価格支持政策には及び腰なのです。

その結果、銀行も保有資産の劣化で自己資本を毀損し、流動性ばかりか支払い能力も喪失するという事態に追い込まれます。ＥＣＢが国債価格支持のため市場に積極的に介入しなければ、国債暴落は防ぎようがないのに。国債暴落を放置しておくと銀行の自己資本はますます減損します。銀行自身の増資によっても、あるいは国家による公的資金導入による資本増強であっても、国債価格の下落が止まらないと銀行の自己資本の毀損は止まらない。

銀行の資本をいくら強化しても、自己資本が食いつぶされる事態が続きます。穴のあいたバケツに水をいくら注ぎ込んでも水はたまりません〈De Grauwe〉1-2)。だからこそ今回の信用危機はユーロ信用不安へと集中するのです。

3　「最後の貸し手」についてユニークな解釈を示すドイツの中央銀行の伝統

このようなＥＣＢによる「最後の貸し手」待望論に対し、ＥＣＢ内部の抵抗は強いようです。サブプライム問題をドイツ国内で見落とした前ドイツ連銀総裁ウェーバーもしかり（本章の8節を参照）。ドイツの中央銀行の人達は「最後の貸し手」への強い抵抗を伝統としているようです。

この「最後の貸し手」に関し、ドイツ出身のＥＣＢの元理事のイッシングは古典的な理解を披露してくれます。周知のとおり、「最後の貸し手」はバジョットの『ロンバード街』で強調されるものです。金融パニックを抑えるために中央銀行が民間の銀行に資金を供給することです。イッシングによると、バジョット原理では中央銀行に2つのルールがあるそうです。第1は、金利を非常に高くする（いわゆる）罰則的金利。これにより資金借り入れ申し込みが殺到しないようにできる。

第2は良質の証券を担保とすることです。

ところが、現在のECBにはバジョットの定義を逸脱した内実を求められることが多い。たとえば、パニックの時に、銀行へ無制限に、しかも超低金利で、さらによい担保がどうか吟味もなく、流動性を供給することが求められる。さらには無制限の国債購入まで「最後の貸し手」には求められる。ところが、バジョットの「最後の貸し手」にはそんなものは書かれていない。このようにイッシングは論陣を張ります。政府によって中央銀行が人質に入れられることを恐れているようです（FT2011年12月1日）。

これは実に興味深いユニークな議論です。バジョットの『ロンバード街』はいつ書かれたのでしょう？　１８７３年です。バジョットは19世紀の金本位制の固定相場制時代の人なのです。21世紀の現在は、金本位制よりもはるかに新しい変動相場制の時代です。しかも、高率な罰則金利で中央銀行が流動性を供給すれば、銀行はつぶれるでしょう。角を矯めれば牛は殺されます。金本位制の時代の中央銀行のぎちぎちの拘束衣を、21世紀の中央銀行に着せて山上の垂訓ときています。

現在のバジョット原理はもっと柔軟なのです。端的にいえば、「即座に快く流動性を供給する」ことです（１９８７年10月のブラック・マンデー直後のグリーンスパンFed議長の声明）。金融市場の状況次第で、金利は罰則的になる場合も超低金利になる場合もあります。それはリーマン・ショックの時も同じでした。もちろんその際、貸し出しの担保の質がもとめられます。バジョットの場合、**流動性は涸渇していても、支払い能力のある金融機関には無制限に貸すことを「最後の貸し手」の**

責務と規定しているのです〈〈Bagehot〉61,66,168,191,198〉。

そして中央銀行は担保をしっかりとります。また受け取る担保からかなり割引率をかけて資金を貸し出すので、実質はかなりの高金利になります。そして中央銀行の中央銀行Ｆｅｄは現在のところ、この「最後の貸し手」の機能から大もうけしています。

２０１１年にＦｅｄは７６９億ドルの利益を米国財務省に出します（２０１１年の純利益は７８９億ドル）。２０１０年には８１７億ドルの記録的利益を挙げ、そのうち７９３億ドルを財務省に出しています。２００６年は３００億ドル未満、08年は３００億ドルを少し超える程度でした。この大きな利益はＦｅｄが民間のリスクを負うために市場から資産を買い上げ、保有資産を８７５０億ドルから2・9兆ドル近くに膨らませた結果によるものです。税金でリスクを買っているという批判も出ていますが〈WSJ2012年1月11日〉。

このようにＦｅｄが金融機関に信用を供与しても抱えるリスクは少ない。一般に貸し出すよりも多い担保をとっており、また貸し出し機関へ返済を求めることのできるローンであり、これまで大きな損失を受けていません。それは中央銀行に対しても同じです。ドル・スワップの場合、外国の中央銀行が返済の義務があり、そのドルを受け取る金融機関に支払い義務があるわけではありません。この銀行が返済できなくなると損失は他の中央銀行がかぶり、Ｆｅｄはかぶりません。しかもドルを供給する代わりにそれと同等の外国為替を得ています（２００９年1月13日、Ｆｅｄ議長バーナンキのロンドンでの演説）。

中央銀行の「最後の貸し手」の役割は、支払い能力のある銀行が一時的に流動性不足に陥っている場合は、これにすばやく惜しみなく流動性を供給することにあります。現代の資本主義でいえば、流動性供給は民間の金融機関が保有する金融商品を買い上げることです。この金融商品に国債が入っても、流動性供給という「最後の貸し手」の原理に変わりないはずです。ところが中央銀行であるはずのECBは国債買い上げは原則としてしない。同行のドイツの理事達は国債購入に反対し、辞任する人も出ています。

4　ECB以外にユーロ国債の暴落を阻止する機関はいない

中央銀行のECBはユーロ圏のソブリン債を無制限に買いに向かう姿勢を断固として市場にさし示し、実行していくことです。国債の保有者が国債を売ろうとするのは、保有する国債価値の将来に不安を感じるからです。価格の下落に歯止めがないと不安を抱きます。ECBがこれらの国債を買い支えるのを止めれば、投資家はECBもその国債の価値を信頼していないと受け取るでしょう。そうなると、投資家はますます国債を売り逃げします。このような事態の発生を防止できるのはECBしかいません。ECBが国債を信頼していないというシグナルを送ると、一般の投資家が国債を売ることを止めることはできないでしょう。

具体的にいえば、**ECBは流動性を欠くが支払い能力のある国家の国債を買い支えること**です。

国家財政の破綻したギリシャ国債は対象外です。イタリアなどプライマリー・バランスが黒字の国の国債にあてはまることです。支払い能力があり、一時的に流動性を欠く国の国債の利回りが異常に高騰すると、どんな国の国債も借り換えは不可能になります。このような事態に至る以前に、ECBは断固としてこれらの国債を買い支えるメッセージ、行動を市場に示さなければならないのです。仮に買い支えの結果、損失が出る場合には国家がそれを埋め合わせるしかありません。

かつて1965年の山一証券恐慌の際、時の大蔵大臣田中角栄は日銀法二五条を発動させ、山一へ無担保、無制限融資を行なうよう日本銀行に指示し、金融不安を解消させました。現在の危機は先進国の国家債務の持続可能性が問題視されている時です。**銀行危機がソブリン危機を呼び、そのソブリン危機が銀行危機をさらに増幅させるという未曾有の事態**です。そんな時期に反インフレ、政府金融への拒否を唱え続けるECBの姿勢ははたして現実的なのでしょうか？

いずれにしろ、ソブリン危機の際、ECBが問題となっている国の国債価格を支持する政策に出なければ、件の国の国債を保有している銀行は国債価格の下落による損失膨張で自己資本を食いつぶされ流動性の喪失にとどまらず、支払い能力も失ってしまいます。流動性の喪失が即、支払い能力の喪失に直結した事態が2008年秋のリーマン・ショックだったのです。釈迦に説法ではありませんが、中央銀行のECBは「国家債務危機はいつも銀行危機に行き着くものである」という金融界の格言をしっかり再認識することでしょう。

その点、Ｆｅｄの場合、ＥＣＢよりも自身の使命の範囲をより広く設定しています。Ｆｅｄは法に定められた責務に従い、雇用最大化と物価安定を促進させることを追求します。そして現在は、失業リスクが増大しており、雇用の最大化と物価安定という自身の責務に長期的に合致する水準に比べるとインフレ傾向の基調は低いので、景気対策に重点をおくというのです（バーナンキＦｅｄ議長、２０１０年10月15日のプレスリリース）。

このようにＦｅｄは物価安定と景気安定の双方を責務としています。他方、ＥＣＢは物価安定に関心をおくだけであり、Ｆｅｄに比べ金融政策上、柔軟性を欠きます。

ＥＣＢの金融政策はドイツの伝統的中央銀行から乳離れしていないようです。政府財政の僕になると財政インフレの片棒を担ぐと思い込み、中央銀行による国債の引受を頑なに拒む姿勢は、乙女の純潔性・貞節さを重んじるようなものです。

その点をやんわりと批判しているのが、ローソンです。英国サッチャー政権時代に大蔵大臣を務めていた人です。ドイツと米国は極端の双極だというのです。「ワイマール時代にインフレを経験しているので、ドイツはわずかのインフレにも我慢ができない。これと同じように、アメリカは１９３０年代に大恐慌を経験しているので、景気が少しでも小休止したり、少しでも停滞の気配が見えたり、景気の先行きが不透明になるだけでも我慢できない。ましてや景気後退となるとたいへんなことになってしまうというわけである」（〈Lawson〉543）。

金融がつねに不安定に動く現代資本主義では中央銀行の役割は重大です。それを強調しているのが金融不安定理論で有名な前出のミンスキーでした（第4章7節）。

5　ユーロとドルでは中央銀行で格段の差

この点はリーマン・ショックの時、英国首相だったゴードン・ブラウンが適切に指摘してくれます。ブラウンによれば、米国Ｆｅｄは米国国内の「最後の貸し手」ばかりでなく、世界「唯一の貸し手」であり、ＴＡＲＰ（不良資産救済買入計画）導入の後は、「最後の買い手」となったのです（〈Brown〉144）。

１国の場合にも、最後の貸し手のいない資本主義諸国はありません（ユーロ圏を除き）。**英国、米国、日本には最後の貸し手が存在**します。特に米国のＦｅｄの場合、国内ばかりでなく世界の最後の貸し手なのです。実際、リーマン・ショックの時、Ｆｅｄは自国資産ばかりでなく、外国の資産も購入し、さらには自国の銀行ばかりか外国の銀行にも流動性を供給し、流動性が涸渇し凍結状態にあった金融市場を蘇生させたのです。その逆に世界の金融市場が混乱している時に最後の貸し手がいないと一体どうなるのでしょう。

２００８年10月末に頂点に達した金融危機の際、欧州の2つの銀行がＦｅｄのオーバーナイト緊急貸出のほとんど半分を占めていました。ベルギーのデクシアは２６５億ドル、ドイツのデルフは２４６億ドル借りています。また、罰則金利で流動性を供給する割引窓口利用は２００８年10月末で、１１００億ドルありましたが、その74%は外国の銀行のニューヨーク支店へ向かったものです。

流動性が非常に少なくなっていた非米国の銀行はドルで資金繰りをするのが特に困難になっていたのです。デクシアはＥＣＢに頼っていた銀行のひとつですが（FT2011年4月1日）、前章でみたように、２０１１年夏に破綻します。

このようにＦｅｄはユーロ圏の銀行にも手厚く流動性を供給しているのです。この点、米国の金融機関は逆差別されていることになります。リーマン・ショックの直後、米国から公的資金で救済されていたＡＩＧのグリーンバーグ前会長は２０１１年11月21日に米国政府を訴えます。そのひとつの理由は外国の銀行に資金を融通したのに、ＡＩＧにはそうしなかったということです。ＡＩＧが救済されたのはＣＤＳの売り手という立場上のことであり、ＡＩＧを救済しないとＣＤＯにＣＤＳプロテクションをかけていた買い手の銀行も危なくなる。だからＦｅｄはＡＩＧを救うことなく、「裏口の救済」（back-door bail-out）によって、外国の機関を優遇したというのです。ＡＩＧはＦｅｄの割り引き窓口からの緊急ローンをもらいたかったのに、否定されたというのです。たしかに、割り引き便宜を一番受けたのは外国の銀行達だったので、筆者は心情的にはこのＡＩＧ側の主張がよく理解できます（FT2011年11月22日）。

6　中央銀行と政府財務省は政策担当分野はちがっても根でしっかりつながる

すでにみたとおり、ユーロ圏には最後の貸し手がいません。金融危機の時にリーダーシップをとれる金融機関が存在しないのです。金融危機の時に中央銀行が最後の貸し手として確固たるリーダーシップを発揮できるのは、その損失を引き受ける後ろ盾となる政府、財務省がいるからです。ECBとユーロ圏の政府にはそのような関係があるのでしょうか？

たとえば、外国為替操作を例に取りましょう。日本銀行が為替介入するといっても、それは財務省の外国為替資金特別会計の資金を使うものであり、その損益は財務省が引き受けます。政府が責任を持つからこそ日本銀行は介入できるのです。金融市場の動向や金利など金融政策の行方は為替相場にも反映されます。日米英でも為替相場を主管するのは財務省ですが、為替介入と金利は一体化しているはずです。金融政策は日銀、為替は財務省という縦割りの話ではすまされません。

国債管理政策もどうでしょう。国の借金コストを考慮することなしに日銀は自身の貸出金利を一体どのようにして決めるというのでしょう？　国債利回りや為替相場を考慮することなしに中央銀行の貸出金利は決められないはずです。特に国債の借り換え政策の場合。中央銀行と財務省の連携なくしておよそ円滑な金融財政は不可能なのです。

金融政策と財政政策はもちろん別物です。しかし、密接に関連します。双方を比較した場合、機動的に対応できるのは金融政策です。**そのためにこそ中央銀行は政治から独立している**のです。他方、財政政策の場合、議会の承認手続きと国民の反発もあり、市場の動向への反応は金融政策よりも遅れがちです。市場は政治よりも現実への反応がはやいのです。

ここで金融政策が政治に足を引っ張られると大変なことになる例を紹介します。リーマン破綻でMMFの一部に元本割れが生じました。MMFの中に破綻したリーマンが発行する債券が大量に組み込まれていたからです。ＭＭＦに元本割れが生じたので、ＭＭＦへの投資家はＭＭＦ解約に殺到します。大量の償還請求を受けたＭＭＦは短期証券を急いで現金化しようとしますが、リーマン・ショックで資本市場も凍結しているので、換金どころでありません。

一方、リーマン・ショックの時、銀行の預金取付は起きていません。預金は預金保険の対象になるのに、ＭＭＦの場合、そこに組み込まれている一流短期証券は預金保険の対象にならないからです。しかし欧州の銀行はＭＭＦに資金繰りを強く依存していました。ＭＭＦへの取付が続くと、欧州の銀行も資金調達に窮するのです。ＭＭＦの崩壊は簡単にドル取付にいたるのです。

これを防ぐためには銀行の預金と同様、ＭＭＦにも元本保証をしなければなりません。ではその財源は？　民間の債券に国が元本保証することなど資本主義ではありえないことです。だから、米国の議会がおいそれとそのような財源を承認するはずがありません。議会で小田原評定している間にも金融恐慌はますます激化するでしょう。

そこで米国財務省が思いついたのが、何と１９３４年1月に設置されていた為替安定基金（ＥＳＦ）です。大恐慌のローズベルト大統領の時代、ドルの切り下げに伴う金準備評価益から構成される基金です。実はＥＳＦは１９９４年末のメキシコ通貨危機の際、メキシコの総額４００億ドルの債務保証にあてられました。議会、国民の反対が多いので、緊急時用にＥＳＦを活用したのです。

ポールソン財務長官はＭＭＦ運用会社から保証料を徴収し、ＭＭＦが元本割れした場合、政府が負担する仕組みを考案したのですが、幸いなことに、この制度導入の後、元本割れをしたＭＭＦはありませんでした。財務長官はこのESFを500億ドルまで使用することになっていたのですが、その必要もなくなり、この制度は2009年9月末で終了します。保証料は全額税収に充当されました。

ともあれ、金融危機の最中にMMFの元本保証をしなければドルの国際的取付が起こるのです。また、このMMFに資金繰りを深く依存する欧州の銀行も破綻するのです。それに対応する財源は議会からは容易に承認されない。既存の財源の中でやりくりするしかありません。政府財務省と中央銀行は金融市場の安定に大きな責任を負うのです。ポールソンも田中角栄もこれをよく自覚しているのです(〈Paulson〉238,252-3,〈Greenspan②〉159,FT2008年9月20&21日,2009年9月11日,日経2008年1月21日,2009年9月19日(夕刊))。

1国の財政政策だけでもこのような状況です。民主国家の寄り合いのユーロ圏の対応は1国の政府よりもさらに遅れるでしょう。馬は足が4本で走るはずですが、ユーロ圏の馬は4本以上であり、まるでムカデのようなものです。欧州の指導者同士での合意があっても、それぞれの国でその合意を得る手続がいるので、市場への対応はますます遅れるでしょう。

さらにその上に、ECBは杓子定規に政府からの独立に固執します。国債が暴落し、銀行の自己資本が急減して支払い能力も危なくなるという局面にあっても、国債買い入れ政策は政府の放漫財政を助長するというのです。そうなると市場はユーロ圏政府とユーロ中央銀行は金融危機には有効に対処できない、だから、投機家はユーロ圏国債の売りの投機は簡単にしかけられると判断するでしょう。

いずれにせよ、リーマン破綻の後、米国Ｆｅｄは迅速に「最後の貸し手」の機能を国内はいうに及ばず国外でも広汎に発揮してきました。市場で値を失った資産をどんどん買い上げていったのです。ミンスキーが力説するとおり、そうしないと市場は凍結してしまいます。

だから中央銀行は金融危機の時は市場の金融資産価格を買い支えなくてはいけません。もちろんその場合、条件があります。支払い能力の十分な、元利返済の確実な金融商品が市場凍結で価格がつかなくなっている場合です。当然、この金融商品の中に国債も入っていなければなりません。

7　ＥＣＢの対応が遅い先例（２００７年８月９日のＢＮＰパリバ・ショックの時に見殺しにされたユーロ圏の銀行）

ロイター通信は２００７年８月初旬の欧州におけるサブプライム危機のことをドル不足危機として伝えていました。ドル危機と報道していません。欧州の金融機関が米国のサブプライム証券の取引に深くのめり込み、ドル建て決済資金の手当がつかなくなり、パニックに陥ったという報道です。ＥＣＢはユーロの番人なのでユーロを供給できても、ドルは供給できない、だから欧州の地域の金融機関のドル決済が行き詰まる、そこでドル供給をＦｅｄに頼るしかないと伝えています（〈米倉①〉vi〜v）。

ところが、最初の危機が起きた時、いくつかの銀行はＥＣＢへ米国のＦｅｄと通貨スワップ操作を行なうよう懇願したのに却下されました。ある銀行家は不愉快そうにしかめっ面をしながら、「我々は絶望的であった」と取材記者のテット女史に語ったのです。市場側はＥＣＢの対応の遅れにいらついていたのです。すなわち、ＥＣＢがユーロ圏の銀行にドル流動性を供給しなかったのに不満だったのです。

この点をＦＴ紙（2007年12月14日）は、「中央銀行家の時局への対応の遅れ」（behind the curve）という見出しで、その8月の欧州のドル不足問題を回顧しています。ＥＣＢがドル・スワップ操作の計画を発表したのは、ようやく２００７年12月半ばのことです（実はＥＣＢのドル資金調達は初めてのこと）〈米倉①〉76～78）。

8　ＥＣＢの一翼のドイツ中央銀行総裁のサブプライム危機の認識の程度

ドイツ銀行会長のアッカーマンは２００７年7月17日、サブプライム危機という信用危機について、「危機の終わりの始まりにある」と言ってしまいました。銀行、規制当局は危機対策を打ち出し、事業も次第に正常に戻りつつあり、銀行は資本調達でバランスシートを再構築しているというのです。しかし、すでに１９９０年代からドイツの銀行はオフバランス機関を使い米国の資産担保証券市場に投資しています。だから、「危機の終わりの始まりにある」どころか、その正反対だったのです（FT2007年7月18日,8月9日,〈米倉②〉51-52）。ドイツの金融機関がドル建てサブプライム関連証券の取引に深入りしていたことに全く気がつかなかったのです。

しかも、ドイツ銀行会長の予言は「荒野の叫び」ではありません。ドイツ連銀総裁ウェーバーもつきあいよく、同様の認識にとどまっていました。２００７年８月２日、ドイツの銀行ＩＫＢがアメリカのサブプライムローンへの投資で困難になったことが明らかになります。ところが、同総裁はＩＫＢの問題を「限られた、当該金融機関固有の事件」にすぎないと言ってしまいました。

ＦＴ紙は同総裁は悔やんでいるだろうと皮肉っています。実際、17日、他の銀行（Sachsen Landesbank）も同じ運命を辿ります。投資家はドイツ連銀が示した銀行システムの状況に対する認識力に疑問を抱いたのです。住宅金融危機問題は米国にとどまらず、ドイツの中堅金融機関を広くまきこんでいたからです（FT2007年8月17日,22日,〈米倉③〉194-195）。欧州におけるサブプライム問題の発現は、８月９日のフランスのＢＮＰパリバ問題よりもドイツの銀行が先行していたのです。「ＩＫＢ問題がパリバショックとともに今後語り継がれるもの」なのです（〈古内②〉18）。

9　サルコジはドルに依存したユーロの件を忘れることはできないはず

フランス大統領サルコジはいつもドルに対抗心をむき出しにします。彼は２００８年11月14、15日に開かれる緊急首脳会合の直前、「米ドルが唯一の基軸通貨の時代は終わった」と発言しました。一見、ドルの基軸通貨の地位を否定する内容です。「危機がどこで始まったのか忘れてはならない」として、米国が世界金融危機の震源地であることを強調しました（日経2008年11月22,12月17日）。

しかし、これはフランス特有のエスプリです。さらに言えば、人の不幸を喜ぶ、ドイツ語の

Schadenfreude レベルのものです。**足元の自国の金融システムの構造的問題から目をそらそうとしているだけ**のことでしょう。

サルコジは忘れていないはずです。サブプライム問題が最初に世界的金融パニックに発展したきっかけは、2007年8月9日、自国の有力銀行BNPパリバが傘下のファンドの一時的な支払停止を行なったことにあることを。

どうやら、「危機がどこで始まったのか忘れてはならない」というサルコジの発言は自戒の念のようです。統一通貨ユーロを決済手段とするはずの欧州の銀行がドルを手当できなくなりバタバタと破綻していった現実を目の当たりにしたからでしょう。しかもフランスの銀行もバランスシートに問題がある。景気が低下するにつれて収益性が低下する恐れがあったのです。ドイツ銀行のアナリストによれば、「フランスの銀行のバランスシートはEUのそれに比べはるかにレバリッジがかかっている」、政府の支援にもかかわらず信用の質の試練を受けるのは避けられないというのです（FT2009年1月22日）。この予言は当たります。そのBNPパリバは2011年末の時点でもドル金融にどっぷりつかっており、その整理に大童《おおわらわ》でした。デクシアのカナリアも忘れられない事件です。

10　系統性のないユーロ圏の金融危機対策

フランス出身のトリシェECB総裁もこの点を自覚しているようです。2009年に入ると、ECBは欧州の銀行の監視責任を取る用意があると言っています。将来の金融市場危機を回避するためにＥＣＢへ権限の拡大を求めていました。
逆にいえばＥＣＢにこれまではそのような権限もなかったのです。ドイツを含め、国家の規制当局はＥＣＢへ監督権限を委譲することには懐疑的です。欧州における銀行監督の弱さは２００９年1月までの18カ月の間の金融混乱で明らかになりました。ＥＣＢは統一通貨参加国の分断した制度の中で情報交換が不十分でした。さらにロンドンという欧州で一番重要な金融センターを擁する英国がユーロに入っていない。こうなるとＥＣＢがカバーしていない金融部門を監視する機関はどこになるのか？（FT2009年1月22日）
このような重大な問題を抱えたままだったのが統一通貨ユーロの守護神ＥＣＢなのです。こういう事情を踏まえれば、サルコジが本気で基軸通貨ドルの役割を見直そうとしているはずもありません。ドルの地位低下を認めるとすれば、サブプライム国際金融危機、あるいは目下のユーロ信用不安の際、ドルに対して大きく下がっていたユーロの地位は一体どうなるのでしょう？　これを現実主義者のサルコジが知らないはずがありません。

後編

本格化したユーロ危機対策と日本

第9章　欧州中銀ECBにスーパーマリオが登場

——マネーの〝万里の長城〟にすえた巨砲がユーロ信用不安を解消

1　ECBのスーパーマリオはひねりを利かせて登場

マリオ・ドラギが２０１１年11月１日、ＥＣＢ新総裁に就任しました。彼もゴールドマンサックスにいたのは奇縁ですが、コチンコチンのドイツ流の財政再建主義者と見られる割にはユーモアがなかなか巧みです。前ＥＣＢ総裁の退任式でトリシェを回想しています。「彼に最初にあった時のテーマはデフォルト。でも、１９９１年だから違う国の問題です」とギリシャを連想させるひねりを入れ、聴衆を笑わせました（日経2011年11月1日）。この「１９９１年」とはアルゼンチンのデフォルトのことですが、今回のギリシャのデフォルト危機でも自身はしっかりやるという自信をユーモアに包み隠していたようです。自国イタリアばかりでなくユーロ圏ＰＩＩＧＳのソブリン債務問題に、中央銀行として断固立ち向かう決意の婉曲的表現でしょう。だからもうひとつひねりを加えます。**ＥＣＢは「裏口」から禁じ手のはずの国債購入を実行**し、コペルニクスならぬマリオニクス的転換を遂げるのです（**図10**）。

図10　欧州中銀（ECB）による「裏口」からの国債価格支持政策とイタリア、スペインの10年物国債利回りの動き（2010年4月～2012年1月）

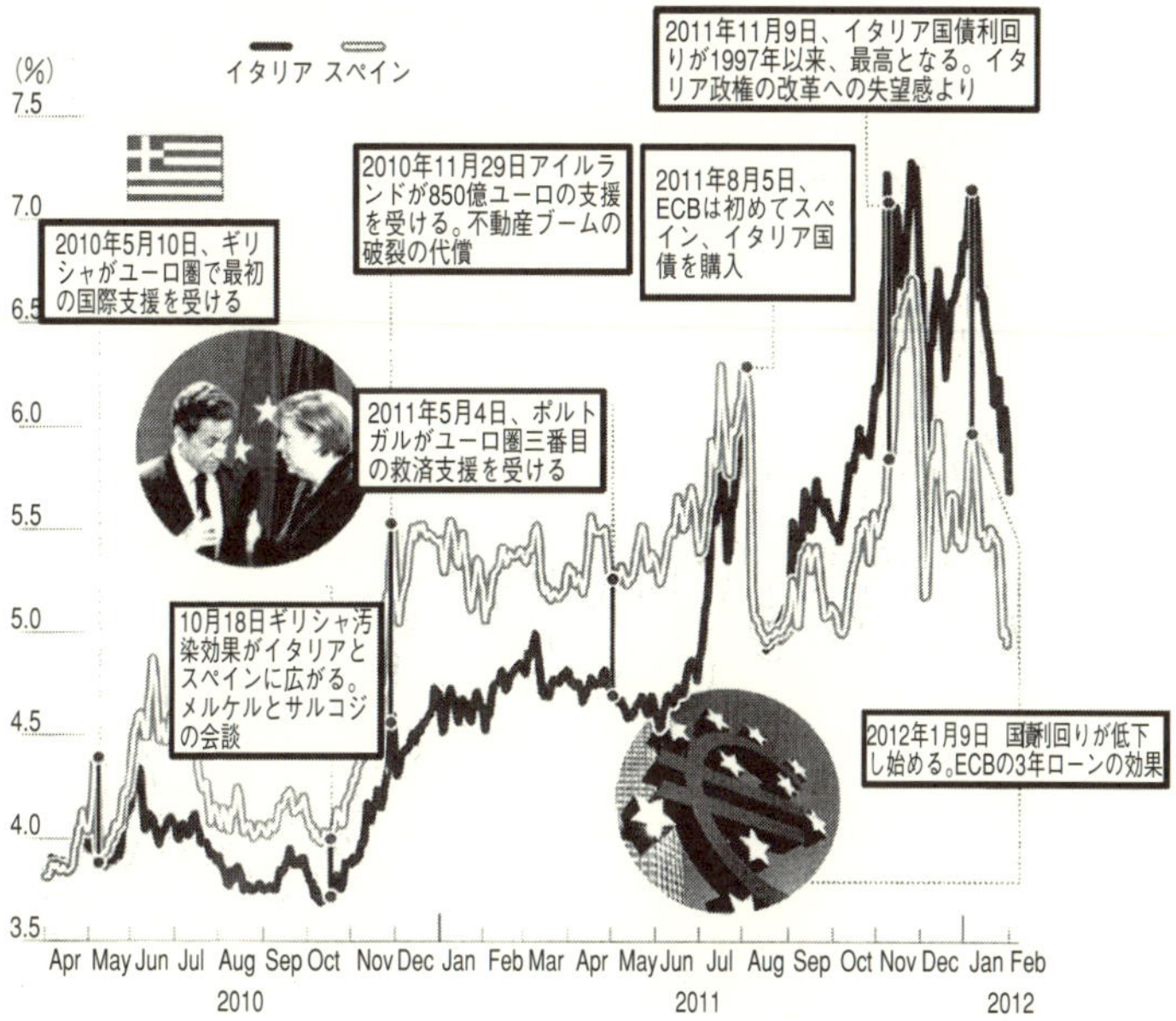
(%)
イタリア　スペイン
7.5
7.0
6.5
6.0
5.5
5.0
4.5
4.0
3.5
2010年5月10日、ギリシャがユーロ圏で最初の国際支援を受ける
2010年11月29日アイルランドが850億ユーロの支援を受ける。不動産ブームの破裂の代償
2011年5月4日、ポルトガルがユーロ圏三番目の救済支援を受ける
10月18日ギリシャ汚染効果がイタリアとスペインに広がる。メルケルとサルコジの会談
2011年8月5日、ECBは初めてスペイン、イタリア国債を購入
2011年11月9日、イタリア国債利回りが1997年以来、最高となる。イタリア政権の改革への失望感より
2012年1月9日　国債利回りが低下し始める。ECBの3年ローンの効果
Apr May Jun Jul Aug Sep Oct Nov Dec Jan Feb Mar Apr May Jun Jul Aug Sep Oct Nov Dec Jan Feb
2010
2011
2012

（出典）FT2012年2月4＆5日の図。一部、加筆修正。原資料は*Thomson Reuters Datastream*

2　イタリアの国債もパニック売りにあう

イタリアの国家債務残高は2010年3月末で約1兆8400億ユーロで世界第3位、GDPの120%でした。S&Pの格付けでイタリアはシングルAプラス、スペインのそれはダブルAであり、スペインより悪いのですが、イタリアの場合、スペインのような不動産バブルの崩壊はありませんでした。国債も65%が国内で消化され、比較的安定的な市場構造のはずでした（日経2011年8月6日）。ところがそのイタリア国債までも市場で売られまくります。

ECBは2011年8月5日から欧州の国債購入を開始し、8日にはイタリア、スペイン国債を数十億ユーロ購入していますが、投資家の投げ売り、逃避をとめることはできませんでした。イタリアの場合、ユーロ導入からこれまでの長い間、低成長だったことが将来の国債の償還への不安材料となったようです。金融市場はイタリアの銀行に貸すのを渋り、8月の銀行間市場の状況は2009年3月のポスト・リーマン・ショック以来の水準に悪化しました（FT2011年8月23日）。

9月初旬も同様の状況です。欧州の銀行はお互い貸し借りを断り、現金を退蔵する動きを強めていました。銀行が互いにカウンターパーティリスクを警戒していたのです。欧州の金融システムはECBによる緊急融資がなければ崩壊寸前の段階にあります。多くの銀行は民間市場で資金調達が困難なので、専らECBに頼ろうとしています。しかしそれは持続力のある解決にはなり得ないはずです。

特に市場で資金繰りが困難になっているのがイタリアの銀行です。モルガンスタンレーによれば、イタリアの銀行は7月にECBからの借入を800億ユーロへと倍増させています。これは危機が勃発して以来、最高の額です。これも当然です。イタリアの経済が悪化しているのに、財政改革をやるという政府の決意は投資家の信頼をあまり勝ち得ていません。連立与党は改革の承認手続きを12月以降へ先送りするつもりでした（FT2011年9月9.31日）。

3　0・07は殺しの番号——国債利回りが7%を超えると国家財政が破綻する先例

イタリア国債10年物利回りは2011年11月9日に7%を突破し、7・48%に上昇しました。しかも期間の短い金利が長期の金利を上回っています。これは異常な事態です。普通、長期金利は短期金利よりも高い。長期に債券を保有するリスクは高くなるはずです。しかし**長短の金利が逆転する時は、近い将来に厳しい金融危機があると予想され、金融市場がひっ迫している時**です。

イタリアの国債の買い手はECBのみの状態ですが、前章で説明したように、欧州の法律の縛りがあり、ECBはこの国債の買入介入を嫌がっています。実際、ECB新総裁のドラギも最後の貸し手となるのはECBの仕事ではないと言明しています（FT2011年11月14日）。イタリア国債の利回りが7%を超えているにもかかわらず、ECBは「最後の貸し手」になることを拒否しているのです。これでは、国債市場を買い支えるものは誰もいないことになります。

すでにECBは2010年5月から2011年11月上旬までに、ギリシャ、イタリア、その他の債券を少なくとも1830億ユーロ購入していますので、その保有に損失が出ると大変なのでしょう。とはいえ、ECBによる国債買い入れの規模が拡大しないとユーロ崩壊の危機にもなるわけです。FT紙はこの11月8日は信認が蒸発し、市場が「崩壊」したと報道しています。

イタリアの国債利回りが7%を超えたことは実に不吉です。0・07は殺しの番号です。ギリシャ、アイルランド、ポルトガルはそれぞれ利回りが7％になった後、国家が救済を受けています。しかも、国家債務残高が大きいイタリアの場合、国債利回りが7％を超えると利払い負担が増し、利回り上昇に弾みが付くと市場が予想するのは当然です。イタリアの場合、２０１２年に３０００億ユーロの借り換えをしなくてはなりません。ＥＣＢは11月１日、８月初旬以来、最大規模でイタリア国債を購入しました。

にもかかわらず、利回り格差が広がったのですから、イタリアの国債への不安は高まるばかりです。投資家の売り急ぐ直接の理由はイタリア国債の担保評価が下げられたことにもあります。イタリア10年物国債利回りがドイツのそれよりも４５０bp以上に拡大したことが深刻視されます。このような利回り格差となると、イタリア国債が担保に出される時、国債担保の決済機関は証拠金の積み増しを要求します。証拠金の積み増しを請求されるということはイタリア国債がその分、担保価値が低いということです。イタリア国債はレポ取引でも信用されていないのです。国債は資金調達上、重要な担保ですが、担保価値が下がると、資金調達コストが急騰します。レポ取引でギリシャとアイルランドの国債は担保として受け入れられなくなっています。イタリアの国債もこの２カ国と同じ運命をたどるのでしょうか？（FT 2011.11月2,10,12&13日）。

4　ＥＣＢをテロリストになぞらえてしまったイタリア財相

ＥＣＢはパニック的売りが始まった２０１１年８月から11月初旬までにイタリア国債を７００億

ユーロ買っているようでしたが、当のベルルスコーニ首相は、「イタリアは恐慌を感じてない。飛行機の予約はいっぱいであり、レストランも満席である」と強弁しますが、結局、ＩＭＦからの監視を受け入れざるを得ず、11月９日に辞任を表明しました。これでも投資家の売り圧力はおさまりません（FT2011年5&6,9,10日,日経2011年11月10日）。

イタリアの前首相のベルルスコーニは強烈な冗談でとかく物議をかもし出す人で、セックス・スキャンダルにもタフなところを見せましたが、さすがにユーロ信用危機には勝てませんでした。ギリシャやその他の国は小さいので国際的救済で対応できますが、イタリアの場合、国家債務の規模が違います。この国債が危ういとなると、欧州ばかりでなく世界の金融システムに大きな打撃となる。これは２００８年のリーマン破綻よりも大きなグローバルな不況を呼ぶ可能性があります。

２０１１年８月、トリシェやドラギなどＥＣＢ首脳は、イタリア首脳へ包括的な財政健全化処置の導入を求め、これなしにはイタリア国債の支持政策はありえないと迫ります。これで一悶着がありました。

当時のトレモンティ蔵相は激怒し、これに関し２つの脅迫状を受け取ったと言ってしまいます。ひとつはテロリストから、もうひとつがＥＣＢからのものであり、「ＥＣＢからのほうが質が悪い」と言ったのです。首相のベルルスコーニは８月７日、思い切った経済再生政策や財政縮減を約束するとＥＣＢへ返事を送り、翌日からＥＣＢは初めてイタリア国債購入政策を始めますが、国内では激しい抵抗にあい、それに屈します。８月31日、ベルルスコーニが年金改革を断念したとの報道があり、これで投資家は再びイタリアから逃避し出したのです。これでは政権は持ちません。

5　ユーロ信用不安を吹き飛ばす巨砲の下準備に励むスーパーマリオ

ユーロ圏の銀行は２０１１年11月末までの数カ月間も資金調達で民間市場から閉め出されており、11月22日にもＥＣＢからの借入を急増させています。ＥＣＢは週の入札でユーロ圏の銀行へ２０１１年では最高の２４７０億ユーロを供給しました。これは記録的です。先週に比べ１７０億ユーロ、２週間前に比べ５２０億ユーロも多いのです。資金需要の入札参加銀行も１７８行で、先週の１６１行よりも増加しています。欧州の銀行が資金調達上、民間市場から閉め出されている何よりの証です。銀行の資金調達の困難さはリーマン・ショック以来のことです。これは単なる流動性危機でなく、信用危機です。銀行同士の貸し借りは非常に危険であるという気分が市場に強まっています（FTNov.23,2011）。

このような状況に対し、新総裁ドラギは思い切った流動性供給策の導入を示唆します。流動性を豊富に供給し、銀行のバランスシートの急激な削減を回避するためです。その場合、ＥＣＢは貸出の担保の受け入れ条件を緩和しなければなりません。もし銀行がＥＣＢに差し出す担保として適格な資産が涸渇すると、流動性不足になるからです。

銀行はカウンターパーティリスクの急増に対応するため、互いの貸出は担保付きで行なうようになる。国債などの債券を担保としているのですが、これを使うと金融機関は資金調達に使用する担保が不足します。

こういう事情もあり、新ＥＣＢ新総裁ドラギも12月1日に、ソブリン債問題、資金調達市場のひっ迫、また有効な担保の不足が銀行の困難の原因であることを認めます。そこで受け入れ担保の条件を緩和させます。また、ＥＣＢが供給するローンを2年から3年に延長することも発表します。銀行の困難が流動性危機にとどまらず、支払い危機につながると判断しているからです（FT2011年12月3&4日）。流動性危機が即、銀行の自己資本を食い、支払い危機を引き起こす例を何度も目撃している立場から言えば、当然の処置でしょう。

6　ＥＣＢに出す担保に不足する銀行のウルトラCの危うさ

しかし実際の銀行は担保不足に悩んでおり、苦肉の策を考案します。本来ならば、政府債券と一定の種類の資産担保証券はＥＣＢに担保として受け入れられるはずですが、これが不足しています。信用度やカウンターパーティリスクの懸念があり、最上級の担保の場合でも受け入れを拒否されていると伝えられていました。担保の安全性そのものが問題だということでは必ずしもありません。差し出された担保の差し押さえや処分の手続が煩雑だからです（〈ECB②〉2011年12月,87）。

銀行は担保不足を打開するため、流動性スワップという方式を導入します。銀行はＥＣＢに差し出す担保には不適格なローンを抱えています。そこで、これを投資銀行や保険会社へ渡し、かわりに政府債券や流動性のある資産を受け取り、ＥＣＢに差し出す担保として利用するのです。銀行は年金や保険会社から手数料を払って政府国債や高格付けの社債などの流動性の高い証券を借り、これを流動性の低い資産（たとえば、資産担保証券等）とあわせて、高い等級の資産として中央銀行とのレポ取引に用いるわけです。

こうして長期投資家は高い収益を得る、また担保を得た銀行は自行の流動性も改善できるわけですが、潜在的に危ういリスク資産が銀行から他の金融機関に移転されます。抵当に入った資産が多くなると、銀行が破綻した時、銀行の発行する無担保債券を保有している債権者には資産処分権利がその分、少なくなります。また、担保金融に頼ると銀行は主な資金源である無担保債発行はきつくなる懸念もあります〈ECB②〉2011年12月,118,FT2011年11月24日,WSJ2011年11月17日）。

ともかくもユーロ圏の銀行の資金繰りは厳しいのです。2011年初めには4950億ユーロをECBから借り入れていましたが、10月末には6000億ユーロ近くに増加しています。そのなかで最大の借り手の銀行の国はフランス、イタリアであり、それぞれの借入は9月末の時点で1000億ユーロ以上になっています。それまでの数カ月の間に急増したものです。フランスの大手の銀行は多くの不動産担保とローンを資産担保証券にしてECB向けの担保に組み替えたそうです。これで理屈上、リスクはECBに回ります（FT2011年11月24日,WSJ11月17日）。

7　マネーの万里の長城（wall of money）にすえられた巨砲の弾の中身

ECBは2011年12月21日、期間が最高3年の資金供給の入札を実施しました。これにはすごい需要が殺到します。523の金融機関が合計4890億ユーロの資金に応募します。ECBはこれに全額応じます。これは市場予想の1・5倍に及ぶものです。今回の供給額はユーロ圏GDPの約5%で、**ECBの単一の資金供給では過去最高**のものです。ECBは今回の“wall of money”による資金供給で信認を築きあげることを期待しているのです。長城にはもちろん巨砲がすえられ、さく裂します。

大規模な信用供給に打って出た理由は簡単です。ユーロ圏の銀行の資金繰りを緩和するためです。当面の資金ひっ迫に対応するばかりでなく、2012年に国債、銀行債が大量に満期を迎えることに関連する借り換えで混乱が起きないようにするのです。

ドラギ総裁によると、2012年最初の3カ月に域内の金融債は2300億、国債は2500～3000億ユーロの大量償還を迎えるので、欧州の債券市場はその時期に「非常に強い圧力」を受けます。また、銀行が自己資本比率維持のために、あるいは債務を縮小するために、投げ売り的に資産を処分して金融商品価格が連鎖的に下落するとたいへんです。これが起きないよう流動性を大量に供給するわけです。ドラギによると、特に欧州の場合、「銀行融資への依存が高い」ので、銀行が資産圧縮に動くと実体経済も大きな影響を受けます（FT2011年11月29日,日経11月8日,12月20日夕刊）。

このような大胆な措置には、欧州の金融危機の激しさがうかがわれます。統一通貨ユーロ導入以来、ユーロ圏内の最大の国債利回り格差という事態であり、銀行の資金調達はユーロ圏ではほとんど涸渇したくらいです。銀行の貸出状況も悪化し、資金が新興諸国に流れなくなります〈IMF①〉

2012年1月24日付の分)。

本来、欧州の銀行はECBからの借入を嫌がります。他の銀行に自行の資金繰りの苦しさをさらけだす「汚名」を恐れるからです。しかしドラギ新総裁は、「中央銀行の信用供与を利用することに汚名はない。ECBの信用便宜は使われるためにある」として、今回、借入を奨励したのです(FT.日経.2011年12月22日)。

とはいえ、今回の供給4890億ユーロのうち、3000億ユーロは以前借り入れた分の更新であり、新たな流動性追加は2000億ユーロ程度です。今回の供給の多くは2012年の最初の四半期に支払い満期を迎える分(2100億ユーロ)に対応する、資金更新のクッションです。だから、投資家はこれだけで欧州の銀行の展望が改善したとは考えていません。欧州の銀行は2012年には7000億ユーロ以上もの満期を迎える債務があるのです(FT.WSJ.2011年12月22日)。

8 サルコジによる国債キャリー・トレードのお勧め

2011年の秋に明確になったことは、銀行とソブリン債の脆弱性は不可分であることが欧州の数カ国で示されたことです。銀行とソブリン債の脆弱性の相互作用は、コインの両面のように表裏一体の関係にあります。したがってユーロの銀行の経営を安定させるためには銀行が保有しているソブリン債を低リスク・安全なる資産としての地位を回復させる必要がある。そのためには国債を発行するユーロ圏諸政府の債務の持続性が不安を抱かれないようにする。**財政安定化、健全化の道**

筋を示せば国債価格も安定し、ソブリン危機は解消するというわけです。

このような主張がＥＣＢの２０１１年12月の月例報告書に掲載されています〈ECB②〉2011年,13)。その場合、国債価格を安定させる手段を講じることを市場に明示しなければならない。だがそれはこれまでのところ明示はされていなかったのです。

この点に関し、フランス大統領サルコジは、実にタイミングよく面白い発言をしています（2011年12月9日）。「イタリアの銀行は（ＥＣＢから）１％で借りことができる。他方、イタリア政府は６—７％で借りている。イタリア政府がイタリアの銀行に、ずっと低い金利で政府にファイナンスするよう依頼できるようになることは金融の専門家でなくてもわかる」（FT2011年12月10&11日）。

これは日本でひと頃流行った**円キャリー・トレードのユーロ版**そのものです。円キャリー・トレードとは低金利の円を借りてドルを介し外国の高利回り通貨に投資して利鞘を稼ぐというものですが、サルコジ案の場合、イタリアなどの銀行がＥＣＢからユーロを１％で借り、同じくユーロで７％程度の利回りのイタリア国債を買えば大きな利鞘が稼げるというわけです。

ユーロの銀行がユーロ国債を買えば国債価格は安定します。ＥＣＢが国債を購入しなくても、購入に回す資金を民間の銀行へ貸し出し国債を買わせるのです。これはＥＣＢとユーロの銀行にとってウィン・ウィンの関係となります。銀行は大きな利鞘を稼ぎ内部留保を厚くできるし、すでに保有している国債の評価損が減少するので、自己資本が回復します。ＥＣＢも国債支持を迂回的に実施できます。

もちろんサルコジ発言に対しては当然、金融市場から批判が出ます。ソブリン債は不履行の危険もある。だから銀行まで政府の財政危機に巻き込まれ、銀行、政府が共倒れになるという批判です。しかし超リーマン・ショックになりかねない金融危機が起きそうな時、そのような原則論が通じるはずがありません。金融市場には流動性の供給が欠かせません。ＥＣＢが政府国債を買い支えるのはユーロ圏では禁じられている中央銀行による政府金融に該当するので、ＥＣＢはそれはできません。しかし、ＥＣＢがその買い支え資金をユーロの銀行へ回せば禁止条項には抵触しないことになるでしょう。

9 サルコジのキラー・パスをもらったスーパーマリオのスーパープレー

はたしてサルコジ発言がＥＣＢにどのような圧力になったのかは当事者でないとわからない話ですが、前述のように、ＥＣＢマリオ・ドラギ新総裁は２０１１年12月21日、まさにサルコジが期待する大規模な流動性供給を実行します（**図11**）。

ＥＣＢは最高３年の資金供給の入札を実施しました。サルコジが言及した、まさに金利１％での供給です。サルコジの想定そのものです。

ＥＣＢが供給した資金を民間銀行が国債購入に回せば、国債の利回りが下がると考えるのは当然です。まさに**中央銀行による国債価格支持政策そのもの**です。ＥＣＢは年の明けた２０１２年１月６日までに合計２１３０億ユーロの国債を購入するだけでなく、２月にも期間３年の融資を実施し

図11　欧州中銀（ECB）の「裏口」からの国債購入資金の市場への供給とその効果（LTRO策）

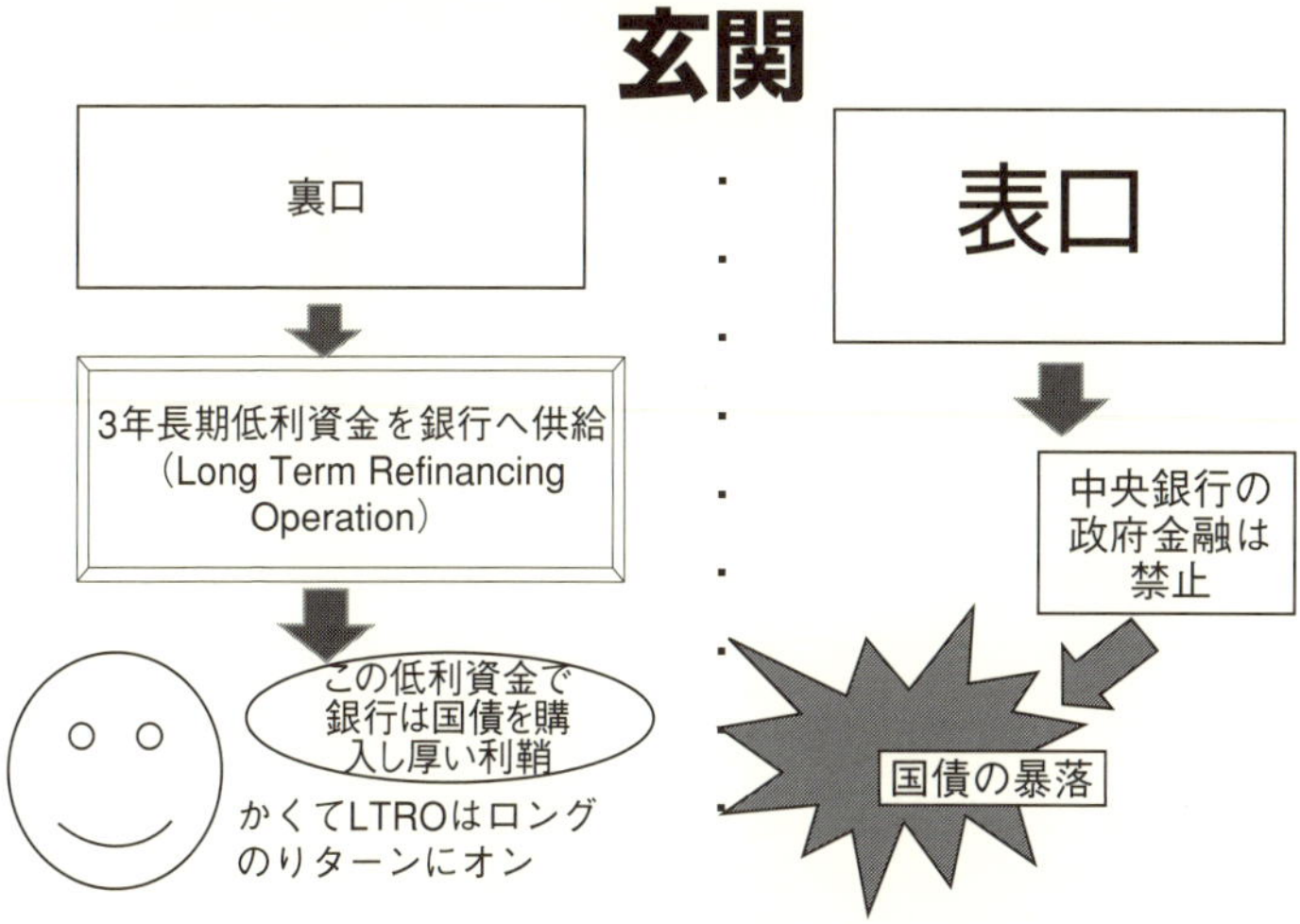
玄関
裏口
表口
3年長期低利資金を銀行へ供給
（Long Term Refinancing Operation）
中央銀行の政府金融は禁止
この低利資金で銀行は国債を購入し厚い利鞘
国債の暴落
かくてLTROはロングのりターンにオン

ます。

　これで大量の借り換えを控え資金繰りに苦しい欧州の銀行は社債を発行しなくても済みます。ECBから受けた低利資金（1%）で公債を購入できる余裕も膨らみます。この低利資金で国債が高利回りであるうちに購入しない手はないでしょう。濡れ手に粟とはこのことです。

　本来、中央銀行に借りに行くのは同業者の間では「汚名」とみなされ、民間の銀行はできる限り回避するそうですが、低金利、「みんなで借りればこわくない」の心理でECBへ駆け込むでしょう。いずれにしろ、サルコジ効果が発揮されたのでしょう、1月のイタリア、スペインの国債入札は順調に進み、その利回りも低下しています。とはいえ、欧州の銀行の不安は解消していません。

　今後、問題になるのは、ECBによる3年ローンが銀行を通じ、企業やソブリン債に波及できる経路が回復するか否かでしょう。特にＥＣＢによる資金供給はソブリン債券購入を誘発するのかどうか憶測が飛び交っています。これについては見方が分かれますが、筆者は結局、直接であれ間接であれ、国債購入に資金が向けられると判断しています。たとえば、２００９年6月の場合、ＥＣＢによる1年ローン（４４２０億ユーロ）の半分はギリシャ、スペイン国債という高利回りのソブリン債購入に向けられました。

ＥＣＢの資金供給は本来は銀行のクレジットクランチ（信用ひっ迫）を避けるためのものです。しかしそれはソブリン危機のために使用すべきものです。なぜなら、ＥＣＢが供給する資金が国債価格支持に回されれば国債価格の下落に歯止めがかかり、民間の銀行の損失は減少し、その分、資金繰りが楽になるからです（FT2011年12月22日）。

10　ECBは否定していたはずの国債価格支持政策を「裏口」から実行し、オフサイドぎりぎりのゴール

サルコジの発言に絡む新総裁ドラギによる12月21日の大量の資金供給は、限りなく英米方式の量的緩和政策に近づいています。まず、3年物の長期でしかも大量の資金供給は国債購入の効果をねらったものです。ＦＴ紙がＥＣＢのそれを「裏口版の量的金融緩和」と伝えるわけです。

いずれにせよ、ＥＣＢは直接国債購入の政治的圧力をかわしながら、流動性を大量に供給してクレジットクランチを回避し、ソブリン債問題の緩和をはかったのでしょう。そのことも手伝ったのでしょう。２０１２年2月9日、資本不足を指摘された域内31行の資本増強の計画で、77％は利益

や増資など資本の積み上げで対応し、資産圧縮に頼るのは23％のみです（日経2012年2月10日）。

ともあれ、今回のＥＣＢの措置により、金融市場のひっ迫は回避され、金融機関も一息ついたわけです。２０１１年後半、資金調達市場から閉め出されていた多くの銀行は資金調達圧力が緩和されます。２０１１年後半には人気がすたれていた無担保銀行債の発行も1月に復活しています。ドラギは欧州議会で、「ＥＣＢにとって最も重要なことは信用経路を修復させること」（FT2011年12月3&4日）と説明しています。

今回行なったＥＣＢによる3年物資金供給は、Ｆｅｄやイングランド銀行がすでに実行している「量的金融緩和」の新バージョンです。もっと正確に言えば、ＥＣＢの場合、「裏口版の量的金融緩和」です（FT2011年11月25日,12月21日,2012年1月5,10,13,14&15,17,20日）。

特に恩恵を受けたのがイタリアの銀行です。イタリアの銀行は今回のＥＣＢローンから２０００億ユーロ以上を受け取っています。これはＥＣＢ全体の流動性供給のほぼ4分の1です。その半年前は10％弱でしたので、イタリアの銀行が大きな恩恵を受けていることになります。特にユニクレジット（イタリアで最大の資産規模）はＥＣＢの12月の3年物資金利用の最大手であり、１２５億ユーロを受け取っています。資金繰りのついた同行は何とか増資にもこぎ着けています。イタリアでは預金取付の徴候はないものの、預金（個人、企業）の伸びはゼロに近い状態であり、昔はなかった個人向けの社債発行も行なわれていたくらいです（FT2011年11月17,18日）。

11　スーパーマリオの放つ巨砲が信用不安を吹き飛ばし、フランスの銀行も一安心
――サルコジとマリオの見事なワンツーパス

米国のMMFは1月末の時点に、ユーロ圏の銀行への投資を復活させており、その投資期間も1カ月拡大されています。10大MMFは648０億ドルの資産の内、ユーロ向け投資11％（738億ドル）まで引き上げました（前年12月は10％）。ECBの長期ローンの供給以来、事態が改善します。最大の受益者はフランスであり、MMFからの投資は71億が175億ドルへと増大しています。12月末以来、MMFのユーロ圏への投資は15％増大しています。とはいえ、前年5月の時よりはずっと少ないままです（FT2012年1月23,2月23日）。

フランスの銀行の財務状況は整理されつつあり、BNPパリバは2月15日、保有するギリシャ国債の損失割合を75％に引き上げています（関連損失を32億ユーロとする）。バランスシート圧縮のためにローン債権を売った時の損失も1億5200万ユーロです。同行は今年もローン債権を売り続けます。レバリッジ解消率の目標を上げ、バランスシートを790億ユーロ圧縮し、その内、30％は達成されたそうです。この大半はドル資金調達ビジネスであり、同行はドル資金の取り入れを570億ドル削減しています。

なお、同行はECBの3年ローンを活用したことを公表していますが、それはキャリートレードのためでなく、顧客向けのための資金だと説明しています（FT2012年2月13日,日経2月17日）。

12　殺しの番号の0・07を消したスーパーマリオ

もちろん、イタリアの国債の問題も緩和されます。イタリアは一時国債10年物利回りは〝危険水域〟の年7％を超えていましたが、2012年2月初旬の時点では5％台半ばです。これでイタリア国債を保有している銀行の損失も減ります。財政不安国の場合、10年物国債利回りが7％を超えると、急騰する傾向があります。007は殺しの番号、0・07は不履行の番号でしょう。逆にいえば、7％を割れば急速に好転すると解釈できます。これはアイルランドの場合に典型です（第11章参照）。

スーパーマリオの放つ巨砲でユーロ国債も落ち着きを回復します。信用不安を吹き飛ばしたECBは2月の第2週、政府債券を5900万ユーロ購入していますが、3週続けて少ない額にとどまっています。同行の介入がなくても、スペイン、イタリアなどギリシャ問題にさらされている諸国の国債の利回りは下がっています。これまでにECBは政府国債を2190億ユーロ購入していましたが、ここ2月半ばまでの3週間は2億5000万ユーロの購入にすぎません（WSJ2012年2月14日）。

13　ECBによる大型資金供給は米国の金融市場ひっ迫の回避をねらったもの

スーパーマリオがぶっ放した巨砲の弾丸は何も欧州の銀行の救済のためだけではありません。ア

図12　ユーロ圏の銀行の新興諸国向け債権（単位：兆ドル）

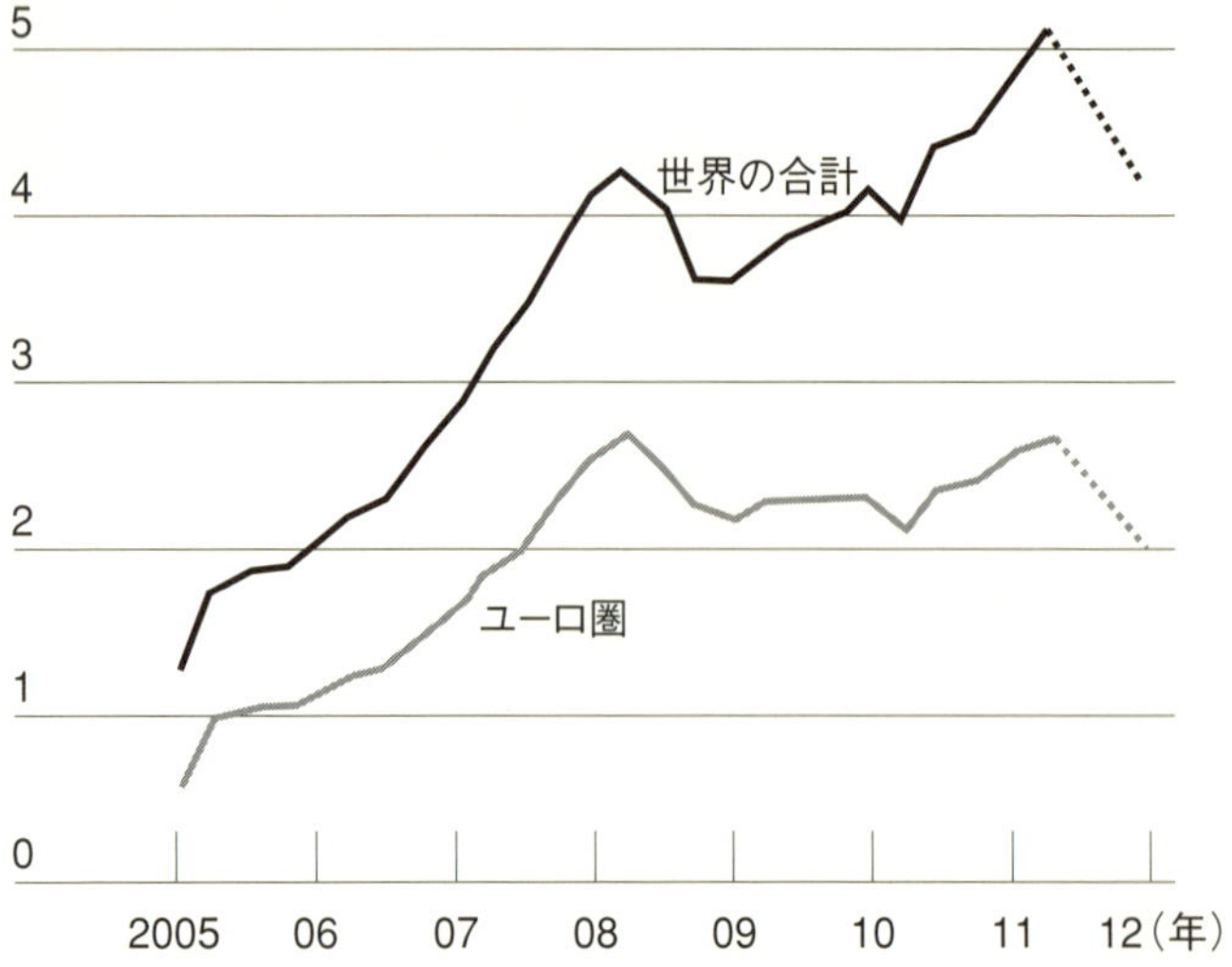

（出典）FT2012年1月12日。なお、破線部分は予想。

メリカの金融市場のひっ迫を回避する狙いも見逃せません。米国と欧州の銀行は深く相互関連にあり、２００９年には米国の欧州への貸出は１・５兆ドルとなっています〈Brown〉182〉。

欧州の銀行が自己資本比率維持のために資産を処分すると、米国の不動産担保証券の市場価格を直撃します。特に欧州の銀行は自国市場における傷んだ資産を売るよりも域外の資産を売る傾向にあります。米国の商業不動産担保保証券市場は4月から年末にかけて、10～50%も下落しており、欧州の銀行が資産処分すると、この傾向に拍車をかけてしまいます。

欧州の銀行は市場から資金を調達するのが困難になっているので、ＥＣＢからの借入を増やせなければ、バランスシートを縮小させるしかありません。これでは資金調達上、餓死にいたるダイエットの状態になってしまいます。無理なダイエットは慎むべきでしょう。

たとえば欧州の銀行はアジアの貿易、プロジェクト・ファイナンスに30％程度の供給しています。そのバランスシートは銀行資産の約５％程度を占めるにすぎないのに（〈IMF③〉Market Update, 2012年1月）。欧州の信用が収縮すると新興市場は困るのです（**図12**）。

14　再びさく裂する巨砲——ECBは2月29日第2回目の大量資金供給

２０１２年２月29日ＥＣＢによる２回目の期間３年の資金供給の入札があり、合計８００の金融機関が５２９６億ユーロに応募し、ＥＣＢはこれに全額供給しました。ドラギ総裁は前年12月の第１回目の３年間流動性供給を「ビッグ・バーサ」（第一次大戦のドイツ軍の巨砲）と呼びました。この効果があったのでしょう、スペインの銀行は２０１１年12月に国内国債投資を２２５億ユーロ増加させ、ユーロ圏国債投資残高を１月に前月比12％、イタリアの銀行も11％増加させています。いずれも１カ月としては最高です。

また、ＥＣＢによるユーロ圏国債の買入は２月24日までの２週連続でゼロでした。大量の流動性供給は間接的ながらユーロ圏の銀行による国債購入に大きな余裕を持たせたのです（FT2012年2月4&5日，日経2012年3月1日）。

なお１発目の巨砲に関し、ＥＣＢドラギ総裁とドイツ銀行の会長アッカーマンは面白いやりとりをしています。ドラギＥＣＢ総裁は同行の便宜の利用促進をユーロの銀行に訴えますが、ドイツ銀行はＥＣＢのＬＴＲＯを利用したキャリートレードはしたくないと言って応募を拒否します。キャリートレードはたしかに魅力であるが、ドイツ銀行の名声に関わるので利用しないというのです。これにスーパーマリオは反論します。「このような声明を発している同じ銀行が、なお政府による便宜を使っているではないか」と皮肉ります（FT2012年2月3日、WSJ2月10日）。堅物と柔軟な人間の個性がぶつかる一幕のようです。

さらにドラギのエスプリがさえます。第2回目のＬＴＲＯに関し、８００もの銀行が参加しているが、このうちドイツが４６０行を占めているというのです。第１回目の時のそれよりも規模の小さい銀行の参加が多い。だから資金は以前に比べ、中小規模の企業に向かっているというのです（２０１２年3月26日、ベルリンのドイツの銀行協会の年次レセプションにおける演説）。ドイツも多いに恩恵を受けているというわけです。

第10章　イタリアのスーパーマリオは2トップ

――「国家債務の鉄のカーテン」を取り払うキーマン

1　「すべての債務はローマに通じる」

ギリシャ国家債務問題は他のユーロ周縁諸国にも広がり、何とイタリアまで債務問題に巻き込まれました。かつてのローマ帝国の栄光を伝える「すべての道はローマに通じる」は、ギリシャ・ソブリン債務シンドローム（Greek sovereign debt syndorome）に平仄《ひょうそく》を合わせては困ります。文字どおり、"Rome"の韻で轍を踏んでしまいます。

イタリア国債の利回りは危険水域といわれる7%を超えたくらいでした。まさに0・07は殺しの番号ばかりでなくデフォルトのコードナンバーになる寸前でした。

幸いなことにイタリアにはスーパーマリオはもう1人います。これがこの0・07を封印してくれます。イタリアのサッカーはカテナチオ（鍵）です。しかし注意しなければならないのは、信用リスクとウィルスには国境がないことです。特に欧州のソブリン危機の場合、完全に大西洋をまたいで進行していました。日本も先進国で数字上、財政状況が最悪です。いつ、ギリシャ、イタリアの話が転移するとも限りません。アイルランドやイタリアの例に習い、財政の健全化の筋道を世界にしっかり指し示す必要があるでしょう。

2 スーパーマリオ2はドイツに警告

2011年11月10日。新首相はマリオ・モンティ。前のミラノのボッコーニ大学の学長（経済学者）です。イタリアの国債は2012年1月13日にBBBプラスになります。これについて、モンティ首相は「欧州で格付け会社を批判しなかったのは私だけだろう」と冗談で応じ、さらに、自分はS&Pの分析のほとんど全てに賛成しており、S&Pの分析を自分だけでもほとんど全部を書くことができたであろうと冗談を重ねます。しかし、同社がイタリアの格付けをトリプルBプラスとしたことに関しては、「私はトリプルBなどとは決して言っていない」とむせびながら念を押します（FT2012年1月18日）。トリプルBとは、キプロスを除けば、ユーロ圏で財政支援を受けていない国の中で最低のランクですから。

モンティの緊縮財政に取り組む意欲は相当なものがあります。緊縮財政はきちんとするが、その場合、成長と両立することを強く求め、ドイツにも大きな協力を求めています。彼は自国国民に犠牲を求める場合、欧州の同胞にも支援を求めるというのです。「私がイタリアの人々に大きな犠牲を求めているのは、ドイツやECBやEUがそうするように言っているからではない」。

モンティはドイツに対して、周縁欧州の緊縮財政は北の国による成長促進手段で均衡する必要があると訴えているのです。

モンティ首相によると、イタリア人は犠牲の成果が目に見えるものにならないと、社会不安が高まり、不満はドイツに向けられるだろうと警告します。さもないと、ドイツは「不寛容の首謀者」とされ、イタリア人民は「大衆迎合主義者の懐に飛び込む」と。イタリアは不況にあり、より多くの緊縮を必要とする生産減少の死のスパイラルのリスクを犯すことを避けたいそうです。ソブリン債務問題で苦しむ欧州周縁諸国の借入コストの低下を望み、そのためにドイツのバランスシートにも期待するというわけです。欧州委員も務める首相モンティなので、「EUには良い国も悪い国もない。全加盟国が過去と未来の両方に責任を感じるべきだ」と発言しています（日経2012年2月22日）。ドイツと南欧のそれぞれの言い分を聞くという立場でしょう。そしてギリシャにも理解を示す一方、苦言も忘れません。フランスの記者会見で（2月15日）、欧州債務危機への対応をめぐり、「ギリシャに対する措置の厳しさは度を超している」と批判し、ギリシャ政府に、「政治は汚職や縁故主義などで最悪の見本だった」と指摘し、改革を求めることも忘れていません（日経2012年2月16日夕刊）。信用不安の国に財政再建の規律を一方的に求めても仕方ないといったところでしょう。北風と太陽の話のようですが、支援疲れしているドイツからみれば半分、脅しのようなものですが。

3　イタリア国民もモンティに応じ国債購入で愛国心を発揮

モンティに応じるべく、イタリア国民は国債を買い愛国心を発揮しています。イタリア国債は

1・9兆ユーロの規模ですが、今回、イタリア国民は2年物債券（7・2％）を購入します。イタリア国債はイタリア全体では57％保有されています。そのうち、家計保有の分は14％もありますので、国債は十分に消化されます。２０１２年初めに国債の巨額の満期が近づくのでイタリア財務省は流動性を積み上げる必要があります。そこで11月25日（金）には6カ月国債（80億ユーロ）を6・５０４％で売りました。この金利は1カ月前は3・５３５％でした。銀行の報告によると、資金は個人金庫や、イタリアでなくスイスで税金を支払うトラストファンドへ流れています。イタリア政府が導入しようとしている富裕税を逃れるためです（FT2011年11月29日）。

これに対しスーパーマリオ2トップのモンティはカテナチオ（鍵）をかけ、しっかり国内に留める必要があります。ちなみに、イタリアの公債管理が大成功したのは第一次大戦後のファシスト政権のもとです。モンティのようなテクノクラートによるものでありません。１９２２年から１９２6年の間に、政府債務の対GDP比率は74・8％から49・7％へと下がり、財政赤字も削減されています。これはムッソリーニ政権に対する政治的反対の消滅の時と一致していますが（FT2011年11月9日）。

民主主義の体制を維持するためには、モンティの主張は決して「荒野の叫び」に終わらせるわけにいきません。モンティは２０１２年2月9日、ワシントンで、「イタリアは金融支援を必要とする国ではない」と明言しています（日経2012年2月10日）。モンティを荒野の叫びに終わらせないよう、ドイツの協力が必要ということでしょう。

4　イタリア首相は税収増加に積極的

モンティは住宅固定資産税を復活させ、これで年当たり35億ユーロの収入を見込みます。ベルルスコーニ前首相がいわば選挙目当てに一般住宅に課す固定資産税を廃止していたのとは大きな様変わりです。脱税は年当たり1000億ユーロだといわれています。マフィアで有名な国です。その闇経済を縮小させます。年金改革で財政負担を軽減すべく、2026年から年金支給年齢も65歳から67歳に引き上げ、早期退職条件もきつくするそうです。年金支出は今後20年の間に対GDP比$1\frac{3}{4}$%の引き下げが予定されています。先進国平均では$1\frac{1}{4}$%増大するとみられているのですから、相当の決意です。とはいえ、当初の年金支出は最高水準のままのようですが（〈IMF④〉2012年1月24日,FT2011年11月15日,日経2011年11月17日）。

イタリア国会上院は、2013年までに財政収支の黒字化を約束する財政安定法案を可決しています。モンティは2011年12月、200億ユーロの緊縮財政（増税と公共投資削減）も提唱しています。その時の年金改革は3時間のストライキの抵抗を受けただけでしたが、市場の信認回復のためにはまだまだ課題が多いはずです（FT2012年1月10,18日）。

5　聖域なき財政改革の手はバチカンにも

イタリア首相モンティは2012年1月、バチカンのベネディクト法皇と協議しています。新首相には聖域はないようです。バチカン、教会の資産も課税対象に挙げられているそうです。イタリアの不動産の20％はバチカンと教会が保有しており、教会保有の不動産の数は10万もあるそうです。教会に資産税をかけるとすれば、20億ユーロのあがりです。ベルルスコーニ前政権の時、この課税の話はできなかったのです。モンティの聖域なき財政改革の現われですが、その成果は神のみぞ知る話です（FT2012年2月17日）。

モンティは緊縮財政を維持するようですが、その一方、成長政策も欠かしません。2月9日、「いかにして成長するのか、この問題を解かなければ今後5年間、欧州は快適な生活の場所となれないだろう」と米国で語っています。2013年に財政をバランスさせた後も、300億ユーロを毎年公共債務から削減するそうです。その場合、「財政による刺激政策の考えが少しでもあるとすれば捨て去るべきだ」と釘をさしています。

聖域なき財政改革の姿勢が本物であることを示す事例は他にもあります。2012年はロンドン・オリンピックの年ですが、モンティ首相は2012年2月半ば、ローマの2020年オリンピック開催地招致を断念しています。緊縮財政の姿勢の端的な表われでしょう。ギリシャはオリンピック・ゲーム、マラソン発祥の地です。その聖火はロンドンへ向かうでしょうが、国家債務の危機の火のマラソンが欧州、そして世界をなめつくしては困ります。

6　ユーロ圏を闇に覆いかねない「国家債務の鉄のカーテン」

旧東西ドイツ統合でベルリンの壁が崩壊し、統一通貨ユーロも誕生しました。しかし今、そのユーロ圏のギリシャで債務問題の火の手があがっています。ベルリンの壁の崩れたドイツのメルケルはユーロ圏の至る所に防火壁（fire wall）を設けないとユーロ圏諸国も延焼し、ニューヨークのウォール街も Fire wall street になりかねません。ウォール街の強欲（greed）とギリシャも語呂合わせがよすぎます。

チャーチルの「鉄のカーテン」は有名です（1946年3月）。「今や、バルト海のシチェチンからアドリア海のトリエステまで、大陸を横切って鉄のカーテンがおりている」という名演説です。チャーチルが今、ユーロ危機を目撃していたら？　葉巻をくゆらし、雨傘をさしながら、ドーバーからシェルブールやカレーに向かって警告するでしょう。「今や、ビスケー湾からエーゲ海のアテネまで、アルプス山脈を横切り地中海を覆う国家債務の鉄のカーテンがおりている」。その際、いきおい余り葉巻が落ち、雨傘もシェルブールに飛ばされるかもしれません。

西欧諸国にとってギリシャは特別の意味があります。欧州文明発祥の地でもあり、アジアへの玄関先です。しかも、欧州の火薬庫と呼ばれるバルカン地域（第一次大戦勃発のきっかけ）に接し、地政学上、旧ソビエト（現在はロシア）の介入を受けやすい国です。**ギリシャがユーロから離脱すれば、反欧州勢力につけいられるのは間違いありません。**地中海沿岸はシリア内紛、イスラエル対イラン・シリア問題、「アラブの春」、と地雷だらけです。

その意味でもギリシャをユーロ圏に引き留める必要があります。ユーロ圏にとどまるにはそれなりの財政資金を投じる必要があります。ドイツのメルケルはそれを意識しているようです。先例があります。ギリシャをスターリンの手中から救う米国のマーシャル・プランの発動です。チャーチルの「鉄のカーテン」演説がきっかけになりました。

１９４６年2月、スターリンは資本主義との非和解性を強調した演説をします。これに対し、３月にチャーチルの鉄のカーテン演説、4月には対ソ強硬路線のトルーマン演説が続きます。ギリシャの危機を意識したものです〈古内①〉59)。

7 ドイツ首相メルケルに先例を示しているマーシャル・プラン

１９４７年4月、米国国務長官のマーシャルがラジオ演説し、医者があれこれ思案している間にも患者の状態は生命の危機にさらされていると力説します。患者とは欧州、医者は米国のことです。一刻の猶予もならないというわけです。特に１９４７年は50年来の厳冬で、西欧は輸送機器、石炭不足、電力不足、工業操業停止の状態でした。

そして１９４７年6月5日にマーシャルはハーバード大学でも演説します。米国が相当の援助をしないと欧州は深刻な経済、社会、政治的な崩壊に直面することを強調します〈古内①〉64)。

さて深刻な経済危機にある西欧諸国をみて一番喜ぶのは誰でしょう。冷戦で西側破壊を目論むスターリン率いるソ連です。そのままではギリシャは「鉄のカーテン」の内側に引きずり込まれます。だから、当初、復興援助に冷淡だった米国も動き、ソ連に対抗するためにマーシャル・プランを通じ、西ヨーロッパ諸国へ大量のドル援助を実施したのです。なんと米国のGNPの2％を2、3年の間に西欧経済の再建や援助に振り向けます。マーシャル・プランは無償のドル贈与により西ヨーロッパ全体に貿易創出効果を上げる、国際的なスペンディング・ポリシーそのものでした（〈古内①〉73）。

この場合米国はIMFを通さず、ドル不足に苦しむ西欧諸国にドルを供給しています。「ドル散布」をしたのはIMFでなく、マーシャル・プランなのです。もともとIMFは冷戦の問題は視野になかったのです。

8 閑話休題——チャーチルとケインズの差

ところで同時期、チャーチルと共に第二次大戦を闘った英国の英雄ケインズはどうだったのでしょう？　実は、生前の最後の論文（1946年1月）で、戦後、英国は深刻なドル不足には陥らないと主張しています。このようなドル不足解消論は当時の国際情勢から現実離れしていました。

他方、チャーチルは実に説得的な訴えで米国から多額のドル無償援助を引き出します。しかもこの時のチャーチルは野党です。逆に、英国政府代表だったケインズは対米金融交渉で一銭も無償援助を勝ち取れませんでした（厳しい条件付きの借款を受けただけ）。チャーチルは、ケインズのように「正義」なる抽象的言葉を弄するかわりに、ソ連の脅威を強調し米国の援助を引き出したのです。冷戦に関する認識が両者の分かれ目でしょう。

実はチャーチルはすでに大戦中に「鉄のカーテン」演説をしています。ドイツ降伏の直後の1945年5月12日、米国のトルーマン大統領に次のように警告しています。「ロシアの最前部には鉄のカーテンが下りている。そのカーテンの裏で一体何が起きているのか我々はわからない。ドイツのリューベック、イタリアのトリエステ、ギリシアのコルフを結ぶラインの東側全域がまもなく完全に彼らの手中におさまることはほとんど間違いない。これに加えて、アメリカ側が撤退すれば、ドイツのアイゼナハとエルベ側も数週間以内にロシアに占領されてしまうだろう」。

欧州が対ドイツ戦勝利に歓喜している時すでに、ギリシャを引き合いにし、スターリンの欧州侵出を警戒するプロトタイプ版「鉄のカーテン」論を発していたのです。実に鋭い観察力です。そのギリシャがいよいよソ連の手に落ちかけます。米国も動かざるを得なかったのです（〈米倉③〉59-61）。

9　マーシャル・プランに平仄のあうMプランはドイツから

財政破綻しているギリシャを放置すれば、少なくとも2つ大きな問題が発生します。**汚染効果の波及とユーロ瓦解**です。ギリシャがユーロから脱落して元の通貨ドラクマに戻れば、これが汚染効果となり、いわゆるPIIGSといわれるユーロ圏周縁諸国の財政危機も同様の道をたどり、ユーロからの脱落が懸念されます。

同じユーロ圏の北部グループは、穴のあいたバケツに水を注ぎ込むように、南部の債務国支援の際限がなくなり、自らの財政も持たなくなる。ユーロ圏の内なる経済上の南北戦争です。ユーロ諸国全体が財政破綻すれば、ユーロは間違いなく瓦解します。

だから**ギリシャを救う21世紀版マーシャル・プランが必要**なのです。これに平仄《ひょうそく》の合うのはMプラン構想です。ドイツはEU内部で圧倒的な経済力があります。ユーロ圏の３分の１の規模で、経済は現在も好調です。ドイツのGDPは２０１１年に３％増加しています。これは米国やユーロ圏全体の２倍です。１９９０年の東西ドイツ再統一以来、最善の年のひとつです（FT 2012年1月12日）。

ギリシャへの第２次支援１３００億ユーロがドイツで2月27日に議会で支援可決されましたが、メルケルはその前に力説しています。「ユーロが失敗すれば欧州も失敗し、ユーロが勝利すれば欧州も勝利する」（日経2012年2月28日夕刊）。ショイブレ蔵相は第３次支援の可能性も否定できないとしているくらいです。ドイツはユーロ圏全体を安定化させるためにもギリシャ救済・再建でリーダーシップを発揮する資金の注入が欠かせないでしょう。まさか、イランの大統領のような「イスラエルを地図から消し去るべき」というような刺激的発言をもじり、「ギリシャをユーロから消し去るべき」とは考えていないでしょう。

メルケルは21世紀のマーシャルとの期待が高いのです。ドイツは低金利で国債を発行できます。**その国債を原資とし、ギリシャ支援基金を増強すればよい**のです。当然、その種の国債の償還の資金源は後にギリシャから吸い取らなくてはなりません。そのためギリシャはドイツをはじめとする

ＥＵの共通財政監視におかれるでしょう。もちろん主権は尊重しつつの話ですが。

とはいえ、この主権問題はたいへんです。理論的にはユーロ圏諸国の財政同盟がなければユーロ圏各国に実効性のある財政規律を導入できない。この財政同盟も政治統合ぬきには有効に機能しない。この政治統合の件を避けてきたからこそ、とりあえずユーロの通貨統合が実現したのです。

現実問題としては、財政規律の保持はかなりきついようです。ギリシャの問題はともかく、最近はスペイン（Spain）の雲行きも怪しく、緊縮財政の結果、痛み（pains）が強まり、緊縮一本やりではもたないでしょう。だからドイツの役割が改めて重要になりますが、これはこれでドイツ国民の合意を得るのはたいへんです。

ギリシャも１次支援でおさまらず、２次支援の次も取りざたされています。今後も、通貨統合の維持には大きなコストが重くのしかかり続けるようです。ＥＣＢがＬＴＲＯを敢行した後も、国債管理をめぐる中央銀行ＥＣＢと政府の関連の実はすっきりしないままなのです。

第11章　アイルランドはギリシャ問題解決の手本

――銀行危機・国家債務危機のダブル・ショックから甦る〝ケルトの虎〟

1　金融上の冗談がうますぎるアイルランド人

アイルランド人はユーモアのセンスがあるそうです。２００８年後半、欧州の金融危機からアイスランドの金融システムがメルトダウンに直面した時、銀行界で次のような冗談が出回っていたそうです。「Iceland とIreland の違いは何?」。「綴りがひとつ違うだけ」というのが答えだったそうです。

国民ばかりか政府首脳もユーモアがあります。リーマン・ショック直後のことです。アイルランド蔵相は２００８年9月30日、銀行預金の全面保証を発表した時、「これまで世界で最も安くついた救済（bail-out）」であり、「救済にそれ以上のコストがかかることはないだろう」と言いました（WSJ2010年11月9日）。

このユーモアはブラックに転じます。アイルランドとアイスランドがますます区別が付かなくなったのです。アイスランドは金融危機で文字どおり国内の金融システムが「凍結」しましたが、アイルランドも金融上、"Ice"ランドになったのです。

アイスランドはリーマン・ショックで直ちに衝撃をくらいます。この国は世界から資金を集めレバリッジをかけて資金運用する銀行経営で有名でした。米国の投資銀行ゴールドマンサックスに因み、「北欧のゴールドマンサックス」の異名を取っていた国です。このレバリッジ手法が破綻し、国内の銀行はすべて国の管理下におかれ、アイスランドは金融市場が凍結し、金融上も「アイスランド」と化したのです。これに歩調を合わせ世界の金融市場もアイスランド・シンドロームに陥りました（〈米倉①〉132-133）。

2 激烈だったアイルランドの不動産ブーム

そして今度はアイルランドの番です。その金融危機はリーマン・ショックのような国際金融危機に絡む資産（サブプライム関連）に限られません。その危機の後も、アイルランドの金融機関は国内向けの不動産貸付を続けていました。住宅不動産の負債は２００３年後半の４９０億ユーロから２０１０年３月には１１３０億ユーロにまで膨れあがります。アングロ・アイリッシュ銀行の場合、驚異的な不動産貸し出しの収益性の妄想に取りつかれ、２００５年に年率40％近くも収益を増加させています（８億５０００万ユーロ）。サブプライム問題が浮上した２００７年と２００８年、世界市場が行き詰まっている間も貸し出しを増やし続けています（FT2010年10月1日）。

２００８年初旬のブームの時、この国の建設業の規模はＧＤＰのおよそ25％となっていました。

このブームを支えるためにアイルランドの銀行は不動産や住宅購入へ安価な信用を大量に供給したのです。２００８年までにアイルランドの家計は可処分所得のおよそ１７５％の負債を抱えています。米国の１４５％よりはるかに高い比率でした。09年のアイルランドの銀行総資産はＧＤＰの約8倍です。明らかに銀行の「貸しすぎ」です。同じ財政危機でもギリシャは放漫財政、アイルランドは銀行部門の問題だったのです（WSJ2010年9月9日、日経11月18日）。

3 バブルの宴のあとさき＝国家自体が救済される事態

蔵相の大見得的発言に反し、アイルランドの金融市場は流動性が蒸発していたのです（FT2011年12月29日）。２０１１年3月までに銀行の資本増強のコストは７０３億ユーロかかりました。しかし、アイルランド政府にお金の余裕はありません。結局、ＥＵ、ＩＭＦから救済を受けることになります。

たしかにこの10年間以上、アイルランドはＥＵのスーパースターでした。熟練労働力、高い生産性と低い法人税が世界の投資家を引き付けました。かつて欧州の貧乏の代表だったのが、欧州の中で最もリッチになったわけです（ルクセンブルクを除き）。この富を不動産につぎ込んだのが裏目に出たわけです。アイルランドの銀行はＥＣＢによる緊急流動性供給がないと実質上、資金調達できない状態でした。同国の銀行のＥＣＢからの資金調達は9月から10％近くも跳ね上がり、10月には１３００億ユーロとなりました。アイルランドはＧＤＰでいえばユーロ圏全体の２％以下ですが、

ＥＣＢからの借入はユーロ圏全体の４分の１を占める状態だったのです（FT2010年11月18日,WSJ11月9,10日,12月20日）。

4 冗談のつけは金融市場からの退場

ＥＵ、ＩＭＦは２０１０年5月に創設した総額７５００億ユーロの緊急支援制度の第1号をアイルランドに適用しました。この支援に関しアイルランド蔵相は、「銀行は我が国にとってはあまりにも大きすぎる問題である。私はそれを認める」、中央銀行総裁も、「アイルランドの金融システムは同国中央銀行だけでなく欧州の諸制度に支えられていることが確認された」とコメントしています（FT2010年11月22日,12月8日,日経11月22日夕刊）。2年前の9月30日、蔵相は国内の銀行預金の全面保証を発表、「これまで世界で最も安くついた救済」であり、「救済にそれ以上のコストはかかることはないだろう」と言い切っていました。結果的に、かなり悪い冗談になりました。

蔵相は一転、斧を財政にふるいます。２０１１年の財政削減は60億ユーロとします（投資40億ユーロ削減と20億ユーロの増税）。「わが国の財政とわが国の金融システムを危険にさらしている悪循環を断ち切る」ためであり、「この不均衡を打破するためにはもっとすべきだったはず」であり、今後４年間に１５０億ユーロの節約をするそうです。

図13　先進諸国の政府債務残高の対GDP比
（2007年と2011年の比較）

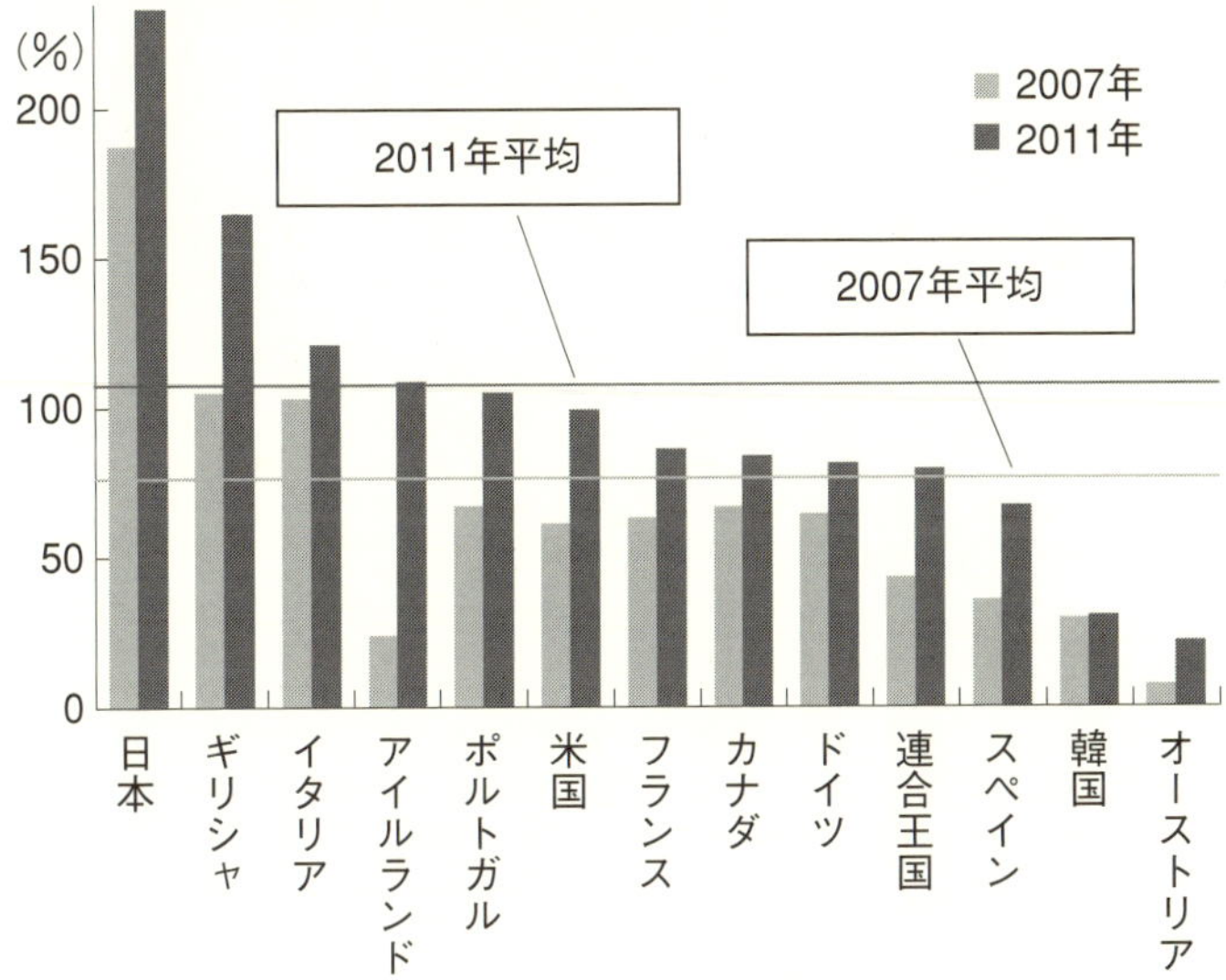

（出典）〈IMF④〉2011年9月,25

5　銀行危機が即、国家債務危機に直結した典型例

アイルランドの場合、２００８年のバブルが起こるまでは国家債務の対ＧＤＰ比率は25％程度でした。それ以前の９年間、財政収支平均黒字はＧＤＰの１・6％です。ところが金融危機が起きた２００８年の影響をもろに受け、２０１１年の赤字は何とＧＤＰ比で１００％を超えています（**図13**）。通貨統合でスペイン、アイルランドは金利が安くなり、低金利が継続したことがバブル醸成の要因になりました。第3章で明らかにしてきたユーロ圏国債バブルの破裂です。

アングロ・アイリッシュ銀行の場合、２００７年11月までに合計６９０億ユーロ貸し出し、そのうち25%は不動産業、その借り手の上位20は140億ユーロを占めています。この最後の10年間の半ばまでに、同行の前会長によれば、「ひどい顧客がうちの銀行を経営していた」そうです。彼らは望むものは何でも手に入れます。ローン、福利厚生施設がそれであり、同行は2006～09年の間にゴルフボールへ20万ユーロ費やしたそうです。はなはだしいことに、担保の多くは顧客の個人資産であり、その主な物は同行が与えたローンで成り立っていたそうです。それに誰も気づかなかったそうです。

銀行の野放図な不動産融資がたたり、政府は銀行預金や他の銀行の債務を保証せざるを得なかったのです。これでアイルランド政府の信用は銀行のそれと同様、がた落ちします。アイルランドの銀行や政府は金融市場で資金調達できる状態でなくなります。

6　アイルランド人は金融危機に負けない

とはいえ、アイルランドはギリシャ、ポルトガル、スペインと違い、単位労働コストはかなり下がりました（図3を参照）。一種の「通貨切り下げ」の効果のようなものです。2011年にアイルランドの輸出は6%増加して危機以前の水準に戻り、経常収支も黒字に戻ります。これが不動産クラッシュと銀行危機が引き起こしていた3年間の不況から同国を解き放つ材料になります。

EU、IMF救済計画も手伝い、金融機関は包括的なストレステストの後、政府、民間の拠出もあり、資本強化（recapitalisation）をしています。銀行は外国資産を売り始め、ユーロシステムへ

表4　欧州ソブリン債務問題3国の9年物国債利回り比較

	2012年2月半ばの金利（%）	2011年7月18日の金利との変動幅（%）
アイルランド	6.841	8.342減少
ポルトガル	13.589	0.491減少
ギリシャ	37.793	18.983増加

（出典）FT2012年2月17日

の返済を促進させ、ＥＵによるアイルランドへの公的金融の金利が下がり始めています。銀行は資産売りと規模縮小でバランスシートを建てなおしているのです。財政安定化の断固たる推進で金融市場の信認は回復しています。アイルランドは輸出市場がかなり弱化している面もありますが、必要な財政引き締めと合わさり、２０１２年は緩やかながらも成長が期待されています（〈OECD〉142）。

7　アイルランド国債を買った人は大もうけ

アイルランド国債も、２０１１年7月半ば以来、力強く回復しています。欧州のソブリン問題や銀行の資金繰り危機が騒がれている最中のことです。国債10年物利回り２０１１年7月18日のピークの14・07%から２０１２年の1月20日までに７・７%へと劇的に下がっています。同国は債券市場で最善の業績を達したのです。それは**表4**でも明らかです。アイルランド国債は高リターンの結果になり、ギリシャのそれはマイナスです。もちろん、ドイツ国債に比べると利回りは高く、その担保コストも以前と同様、罰則的な高さであることに変わりありません。２０１１年末の時点、同国の住宅市場は崩壊しており、銀行も資金繰りに苦しんでいます。住宅価格が下落し続ければ、さらに銀行のローンが傷むのです（FT2011年10月7,10,12月7,2012年1月20日）。

とはいえ、アイルランド政府は２０１２年１月25日、国債償還の一部延長に成功しました。２０１４年１月償還の分を15年２月償還の新発債と交換するプランに３割の投資家が応じたのです。２０１０年10月にＩＭＦ、ＥＵの金融支援を受けた時と比べると大きな様変わりです（日経2012年1月26日,2月18日）。

8 アイルランド人の不屈の精神はユーロ債務問題解決の手本

食料危機で何十万人の人が餓死し、それを逃れるため米国に移住し成功したアイルランド人は多いのです。今回もその不屈の精神が発揮されたようです。もちろん前途はそれこそビートルズの long and winding road ならぬ債務を背負った binding road になるでしょうが、そこはローリングストーンズで国庫収支を「黒くぬれ」となってほしいものです。ユーモアのセンスのある「ケルトの虎」に多いに期待するところです。

アイルランドには実は成功の先例が多いのです。１９９７年のアジア通貨危機のインドネシア、韓国の場合です。インドネシアの暴動はアテネのデモ・暴動の比でなく、中国系の人々や銀行が襲われる空恐ろしい場面が報道されていましたが、現在は力強く回復しています。日本でも、ＪＡＬは公的資金注入の代償に人員３割削減、給与２割カットという再建のための合理化を敢行し、現在も営業しています。米国の自動車会社のＧＭも放漫経営にリーマン・ショックが重なって経営破綻し、公的資金注入で一時国有化の憂き目に遭いましたが、２０１１年11月再上場し、同年には販売台数でもトヨタを抜き、世界首位に返り咲いています（日経2012年2月17日）。

やる気になればできるのです。アイルランド同様、ギリシャもたしかにたいへんですが、自立精神に期待する外国からの援助なので、解決はまさにギリシャ・マラソンになるでしょう。ムーディーズはギリシア国債の格付けを２０１２年3月2日、デフォルト状態にあり、元利の回収の見込みが薄い状態のCに引き下げています。ギリシャの現実はかなり厳しい道になるでしょうが、復活してほしいものです。

ユーロ危機だからといってギリシャはドラクマに戻るわけにいきません。ユーロの前身のエキューに合わせ、通貨名がドラキューラになってしまいます。ドラキュラ伯爵を英雄に抱くルーマニアはユーロ入りをめざしているのです。

第12章　日本にまったく見当たらないユーロ危機の要因

――だが、対岸の火事の火の粉は軒先に

1　一見、日本の財政の将来は悲観材料だらけ

統計上、日本の財政は悪化するばかりで、再建の展望も暗いようです。２０１０年の日本の名目ＧＤＰは４７６兆円で20年前の１９９１年並みの水準です。日本はＧＤＰで見る限り、まさに「失われた20年」なのです。他方、国と地方の長期債務残高は10年度末で８６２兆円で、91年度末から3倍強、膨張しています。だから財政赤字が増えるというわけです。

しかも、人口減少、高齢化ときています。日本は世界で最初に本格的な高齢化社会に突入します。現在の平均年齢の45歳（２０１０年推定）が、２０５５年には55歳になるそうです。現役世代が減少し、退職した高齢者の比率が増加します。50年前は１人の高齢者（65歳以上）を10人超の生産年齢人口（15～64歳）で支えていた、いわゆる胴上げ社会でしたが、現在は3人に１人の割合であり、胴上げから騎馬戦になります。そして２０５５年にはほぼ１人が１人を支える構成になるとの予想です。騎馬戦から肩車の社会になるわけです。そのままでは社会全体がつんのめってしまいます。

高齢化社会だから、年金、医療、介護などの面で財政支出の負担も増加すると予想されるわけです（日経2011年1月1日、8月19日）。11年度当初予算でも社会保障費は過去最大の28・7兆円です。これが今後毎年1・2兆円ずつ増えるそうです。

2011年末の日本の国家債務残高（国債、借入金、政府短期証券合計）は約958兆円だそうです。税率を5％引き上げた消費税分（13・5兆円）を投入しても、11年度一般会計の基礎的財政収支赤字額（国債費を除く）の22・7兆円に足りません。21年度には国債残高は1000兆円を超え、国債利払い費は20・7兆円へと倍増するとの試算もあります。税収が歳出の半分にも満たない。12年度の社会保障費はバブル時期の2・3倍に膨らみ、税収は約3割減っている状態です。

外国と比べても状況の悪さは際だっています。**図13**（165頁）は先進諸国の政府債務残高の対GDP比ですが、日本だけ2007年と2011年のいずれの年も100％を大幅に上回っています。**数字上は国家の財政が破綻したギリシャよりもはるかに悪い**のです。

したがってこの数値をみると、日本は大丈夫なのかと心配する人も多いでしょう。

2　日本にはユーロ危機を引き起こす要因は見当たらない——ただ気になる1点は銀行の国債大量保有

「はじめに」でふれたとおり、ユーロ圏の銀行の脆弱性は、4つのキーワードで特徴づけられます。それを再度、確認しておきます。①過小な自己資本と過大なレバリッジの温存、②安全なはずが安全でなくなった国債保有への傾斜、③逃げ足の速い短期資金に依存する自転車操業、④まさかの時のドル頼みの体質です。

さてこれらキーワードの4つの中で中で**日本にあてはまるのはどれ**でしょう。②の点だけでしょう。本節の副題を「ただ気になる1点は銀行の国債大量保有」とした理由がここにあります。はたしてそれが本当に深刻な問題になるのか確認していきましょう。

日本の銀行において資産規模最大の三菱ＵＦＪの国債保有は47兆円であり、企業へのローン43兆円を超えています（２０１１年9月末の時点）。銀行のバランスシート上、日本国債の額が企業や消費者ローンの額を超えたのは初めてのことだそうです。

三井住友フィナンシャルグループの場合、２０１１年度の前半のグループの経常利益の5分の1以上は国債売却によるものです。このかぎり、日本の国債はうまく管理されているといえます。国債を安く発行できるのです。２０１１年は日本の企業も最低の金利で資金調達できる状態です（FT2011 年12月23日,2012年1月31日）。

とはいえ、日本の銀行が国債保有を増加させているのは国内経済の停滞を反映したものであり、他に多くの貸出先が見つからないということです。２０１０月1月末の残高は１２６兆４千億円。２００８年秋の金融危機からの1年余りで1・5倍の膨張です。企業の資金需要が低迷し、銀行の資金運用先として国債に集中したからです。さらに、２０１１年末には１６３兆円と増加しています（日経2010年3月14日）。

超低金利の中での国債投資ですので、２０１１年までの2年間、国内銀行は国債取引で大量に

「益出し」しているそうです。しかし、長期金利が上がると国債の含み益が減少するそうです。みずほ証券の試算では、10年物国債の損益分岐点は半年で1・4％弱から1・2％へと下がっています。長期金利が少しでも上がると損失が大きくなる構造です。2012年2月23日の白川日銀総裁が国会で行なった説明によると、長期金利が1％上昇すると大手銀行は保有国債損失が3・5兆円、地域金融機関では2・8兆円との評価損が出るそうです（2011年9月末時点の金融機関の業績から算出）（日経2012年2月7日、23日夕刊）。

たしかに長期金利が上がれば保有国債の含み益が含み損に転じ、この面だけみれば大変なことですが、金利が上昇するのはその分、景気が上昇しているわけで、資金需要は増大します。だから、金利がその程度上がっただけで大騒ぎする話ではないでしょう。他の貸出先の収益で相殺して余りあるものになり、むしろ国債保有に傾斜しないバランスのとれた銀行経営に転じる良薬でしょう。バブルに懲りた日本の銀行は欧州の銀行ほどレバリッジに走っていないのです。

3　日本で国債が順調にさばかれる理由――国債を買うお金は日本にたくさんある

日本の企業の資金は豊富で、貯蓄も多いのです。2010年3月末、日本の上場企業のうち、有利子負債よりも手元資金の多い企業は全体の47％で過去最高です。金融を除く企業の現預金残高202兆円です。上場企業の現預金と短期保有の有価証券を合計した手元資金は63兆円です。連結主体の決算となった00年3月期以降、最高の記録です。これは日本政府の10年度予算の一般歳出を上回っています。この意味で、企業は空前の金余りの状態なのです（日経2010年5月24日、7月5日夕刊）。

しかも、企業は有利子負債の総額を減らし、借金をより少なく、また借りる期間も長期化しています。２０１０年６月末で上場企業の有利子負債総額は直近ピークの09年３月末に比べ５％減り、１７１兆円です（日経2010年8月23日）。

また日本の金融資産は１４００兆円を超えています。日本人１人当たり１４００万円の計算になります。これに国債の９割以上が保有されています。この金融資産は60歳以上の人の平均では２５００万円以上です。だから日本は年寄りを大事にするのでしょう。こんな国はあまり見当たらないはずです。

日本の国家債務は２０１２年４月に始まる財政年度に９３７０兆円になる見込みですが、これは男女、子どもを問わず１人当たりにすると７３０万円となります。他方、ユーロ圏の国民はといえば２７５万円、ギリシャは３５８万円になります（１ユーロ＝１１０円で計算）（FT2012年1月1.19日、2月11&12日）。

以上からみると、ユーロ圏に比べると日本には国債の消化に回せる余裕資金はたくさんあるということです。しかも**外国の資金に頼る割合は１割にも満たない**のです。

金融もグローバル化しており、海外のショックによる国内の金融市場の変調は頻発するでしょう。イタリアの例のように、企業や個人が国債を買いにくくなる状況も一時的にも発生するかもしれません。しかし大丈夫です。**中央銀行の日銀が出動すればよい**のです。デフレ危機が言われている時にインフレの可能性を語る野暮な議論はなしにしましょう。

日銀の国債保有残高は２０１１年末時点で約90兆円です。08年９月のリーマン・ショック前よりも３割の増加です。Ｆｅｄの場合、リーマン危機前の３・７倍の１兆７６００億ドルの保有です。**Ｆｅｄの場合、発行残高の２割に迫るのに対し、日銀の場合、１割にとどまっています**（日経2012年2月8日）。

4 国債の消化力は国債残高の対ＧＤＰ比率で判断できない ――これを一番よく知っているのは世界の投資家

企業に余裕のあるのは日本にかぎられません。米国はもっとすごいのです。世界で最大の財政赤字国で、世界最大の経常収支赤字国のはずですが。

米国の非金融部門企業は２００７年に始まった信用逼迫の後、現金を50％以上増大させています。その額は２０１１年第３四半期末に１・73兆ドルです。カナダの２０１１年のＧＤＰが１・76兆ドルです。その気になればアメリカ企業はカナダの国全体を買収できるのです。実際、米国の最大規模の会社は２０１２年に２兆ドルの現金を株価購入と配当支払いに使う力があります。特に株価が低い時に買収をしかけやすい資金が豊富です（FT2012年1月6,30日）。

米国は財政赤字も経常収支赤字も世界最大規模なのですが、**世界金融危機の時、世界のマネーは必ず米国国債に逃避します。日本の国債も逃避先になります。**

したがって1国の国債の消化力有無の話は、以上のような国内経済や企業に滞留する資金を考慮して論じるべきことです。平たくいえば国債の償還資金を担保するのは日本経済なのです。勤勉の日本人全体が担保になっているわけです。

世界の目からみても、東日本大震災からの立ち直りもはやい日本経済です。そのような国力が国債を担保するのです。しかも安全な社会、格差の少ない社会ときています。アメリカ社会のアキレス腱は所得格差が広がっていることです。これは必ずや社会不安の要因につながります。日本との差はここにあります。

5　日本の財政赤字は国内不安解消の効率的支出の結果

日本はアメリカ型の社会に加速度的に向かっているという論評が多いようですが、このアメリカほど所得面の格差の広がりはまだないでしょう。日本には厚い社会保障制度があることが作用しています。そのために社会保障向けの支出が財政を圧迫しているのも事実です。

しかし、社会保障費とは何でしょう。国内国民の不安・不満を解消するものです。地中海沿岸諸国の中で政治体制が崩壊した国のすべてに言えることは、国内不安解消の支出を怠り、国内外の軍事へ多額に支出したためです。隣国の大国のいくつかの状況を想像してみてください。地続きの長い国境を抱え、特定の政党に属する軍人を多数抱え、彼らの不満を解消しなくてはなりません。**日本はそれに支出する代わりに国内不安解消策にお金を使うのです。**北風よりも太陽のほうが持続力があるのです。

もちろん行きすぎは困ります。いわゆるバラマキ支出です。これは党派を問わず、日本の歴代政権が踏襲してきました。ギリシャ問題をきっかけとする欧州信用不安は財政の健全化の重要さを教えてくれます。特に国家支出の無駄をチェックすることです。ギリシャでは財政支出が一種の選挙買収の効果を発揮してきました。

社会の不安が激化するのは若者の不満が高まった時です。先の将来が見えず長い絶望の期間が待ちうけているとなると若者なら誰でも嫌になります。特に終戦直後の貧しい時代を知らない、豊かさがごく当たり前の感覚で育ってきた世代は、先行する世代の人と忍耐力の観念がかなりちがいます。日本の場合、国内安全買いのため老人と若者の不満度のバランスを欠くことにならないのか懸念されます。だから国家の収入内の分相応の社会保障費の支出の調整が求められるのです。

6 日本の国債問題は国内の貯蓄超過部門の変動にすぎない

問題は**国債発行が膨らんだ要因を除去すればすむ話**です。20年前赤字国債発行はゼロでした。ところがバブルが弾けた以降、ずるずると増大します。バブルの宴の酔いが冷めないまま今日に至ったといえるでしょう。景気対策というと聞こえのよい、しかし、実質はバラマキそのものです。こういうことをしているのは先進国では日本だけです。それを見直せばすむことです。

かつて、民間TV局は深夜零時近くに地方自治体の豪華な市庁舎を静止画像で放映し、そんなものがいるのかと訴えていたことがあります。それも今は忘却作用で霧消しています。国家財政が火の車と言われている頃、経団連会長の朝食シーンが放映されました。経団連トップの人でも質素なめざしを食べている光景を映し、財政の節約を勧める内容でした。一般国民には結構、衝撃を与えたはずです。そのめざしが実は高級めざしだったと聞いています。まさに目から鱗ならぬ眼をさす鱗付きの魚の話です。

そのつけが「失われた20年代」にずるずるとたまったのです。その結果、バブルの時期に高レバリッジを張り資産価値が吹き飛んでも、その一方で消えない債務に苦しんだのが日本の企業でした。ひと頃デット・デフレ不況という言葉がはやりました。デットという負債は返済しないかぎり減りません。資産価格は上下価格変動するのに。その間に財政支出が膨張したため、国が民間の債務の肩代わりをするような効果が生じました。その結果、**民間部門の過小貯蓄が過剰貯蓄になり、国の過小貯蓄が累積しただけのこと**です。日本人の国家と企業・個人の間でお金がやりとりされているだけのことでしょう。国家の財政赤字膨張といっても、日本国内の中でマネーが回流したり対流したりしているだけのことです。

7　日本の国家債務は日本人の「ヤマト」心で一掃

漢字の「人」とは人間が左右からお互いを支える文字です。しかし体格の劣る日本人の場合、国際社会ではそれでは不十分です。「三人寄れば文殊の智慧」と言われるとおり、二人よりも三人のほうがさらに絆が強まる。「人」にもう1人を横にクロスさせると「大」の字となります。これに「和」を続けます。まさに、2011年の流行語となった「絆」にふさわしいのが「ヤマト」魂なのです。

日本では社訓に「企業の力は人にあり」とうたっている企業がおおいようです。2011年3月11日に起きた東日本大震災でも、それが活かされています。自らも被災してたいへんなのに、避難所に集まった救援物資を被災地の人々に自発的にせっせと運ぶ運送会社の社員があちこちにいたそうです。採算のことは後回し、瞬時に自らの判断で救援活動を実践し、被災した人々を助けていく。この会社は「サービスが先、利益は後」が信条だそうです。

津波ですべてが流され、周り360度はすべて瓦礫の海。被災地の人々はしばらくは茫然自失だったでしょう。しかし、すぐに自分の足で立ち上がります。黙々と瓦礫の山を片付けていく。略奪も暴動もない。整然と復興作業に励むのです。この姿に世界の多くの人も強く心を打たれたはずです。日本人、あるいは日本経済の真の強さを再認識したでしょう。本書が**日本の国債償還の優良な担保は日本人そのものと説明する理由**です。

世界の被災地では、災害の後に略奪、暴動が続き、戒厳令さえしかれる光景が繰り返されてきました。米国ではハリケーンが去った後、略奪者と警察の銃撃戦がジャズの街で繰り広げられました。その正反対の光景が日本の被災地なのです。それが日本の人々のふるまいです。

大震災にあった人々をみて他の日本人はどう感じたでしょう。鴨長明や日蓮ではありませんが、世の中も人の命は無常、定めなきならい、紙一重で明日は我が身と感じたはずです。震災と死を前にすれば日本人はすべて平等のはず。だからいっせいに被災地の人々の支援に立ち上がります。外国の報道関係の人々はこれにも強く感銘深い印象を植えつけられたはずです。ここに日本経済の真の強さを再認識できます。筆者は**これが震災直後の超円高につながった**と思います。

8　財政支出の無駄の見直しが先決

最近とみに、社会保障と財政の一体改革が強調されています。「一体改革」といえば、以前の政治スローガンの焼き直しのような気もしますが、それはともかく、これが有効なのかどうか吟味する必要があります。消費税を現行の5％から数年後10％に引き上げるというものです。

ここで素朴な疑問がわきます。はたして消費税の引き上げが財政改革の主柱となるのか？　日本の消費税に相当するギリシャの付加価値税は危機が起こるまでは19％でした。20％近い消費税率の国の財政が破綻したのです。ちなみに**ユーロ圏はほとんどが20％程度ですが、その地域に国家債務危機が起きた**のです。だから日本で消費税を引き上げただけで財政の健全化が達成できるのかどうか？　大きな疑問が残ります。

日本の所得に対する税負担の割合を示す租税負担率は24％程度であり、30％を超えるフランスやドイツよりも低い、間接税は欧州では税負担の5割、日本では約3割という報道もあります（日経2012年3月2日）。英国の場合、財政縮減計画の4分の3は支出削減によるものです（2012

―16年)。GDPの6・6%が緊縮財政に充てられます(WSJ2012年2月24日)。

もっと政府支出の内容を見直す余地はないのか? それをしないで消費税を引き上げるのは、穴のあいたバケツに水を注ぐようなものでしょう。欧州は財政対策として歳出にも大なたをふるっています。ちなみに日本のある自動車メーカーは車の重量を5%軽くしようと企画し、これをいとも簡単にやりとげたそうです。車の**全体を構成するあらゆる部分、部品を5%軽くすればすむ**からです。日本政府がこのような方策を試みようとしている話は聞いたことはありません。いわゆる仕分けも政治ショーに終わり、その仕分けの効果に関する仕分けヒアリングがあったという話は寡聞にして伝わっていません。

9 円高は金利の面と国際収支構造の面から構造的

円高問題も財政と密接に絡んでいるので、論じておきます。

円高は構造的です。2つの面からいえます。第1は産業構造の特質。第2は日本の実質金利が高かったことです。円高が日本経済を高度化させる推進力になっていること。またデフレ経済の中、日本では物価が安定しているので実質金利が高くなるからです。

まず第1の点を解題しましょう。超円高で日本の産業空洞化がますます進んでいるといわれています。1985年のプラザ合意からすればなんと30年近くになります。1971年のニクソン・ショック以前の円は固定レートで1ドル=360円でしたが、現在は80円前後で変動しています。

円高恐怖論からすれば、円高はめちゃくちゃに進行しているはずです。ではなぜ輸出超過が減少しないのか？　飢餓輸出でもしているのか？　実は、日本の場合、絶えざる技術革新、国際貿易財部門の生産性の上昇を可能にする体質が根付いています。日本産業の高度化のテンポは速いのです。**円高を通じ高付加価値化の構造を一層推進する**のです。

たとえば、最終組み立ては海外工場に担わせ、それに組み入れる付加価値の高い部品、中枢部分は日本で生産して最終製品を組み立てる現地工場のある国へ輸出します。

円高圧力は、日本国内には高付加価値製品の生産への特化、低付加価値の製品の生産は海外へ移すという動機になります。日本産業は円高圧力に対応できる高度な技術力を持ち続けています。また、それができなければおしまいということです。

円高になりやすい第2の特質に移ります。デフレ社会の常態化が日本の現実です。物価が上昇するどころか下落している。名目上、日本が世界的に史上最低の低金利時代を主導していますが、実質では逆です。欧米の物価よりも日本の物価がデフレ気味なので日本の実質金利が高くなるのです。

日本はたしかに超低金利ですが、価格破壊といわれるくらい物価が上がっていません。すると**名目金利マイナス物価上昇率による実質金利は高くなります**。これに対し、日本に比べ物価が上がっている欧州、特に南欧ですが、名目金利マイナス物価上昇率による実質金利はマイナスになります。実質金利が高くなっている国と実質金利がマイナスの国の金利を比べた世界の投資家はお金をどちらに回すでしょう。しかもユーロ圏は信用不安です。**金利の面、景気動向の面から、当然、日本の**

ほうが投資先として選ばれる。だから円が高くなったのです。

超円高はすぐに修正されます。欧州とアメリカの景気の回復動向から説明できます。２０１２年2月下旬から円高が円安傾向に転じているのはそのせいです。トヨタが06年、07年と史上空前の利益をあげたのは円安抜きには語れないでしょう。その逆にリーマン・ショックと円高が重なると一転、大赤字でした。

超円高よりも怖い現象。それは超円安とスタグフレーションです。後者はインフレとスタグネーション（景気低迷）が合体してしまうことです。普通、インフレは景気がよい時、デフレは景気が悪いときに起こります。日本がデフレ経済といわれる理由です。ところが景気が悪いのにインフレが起こる。このスタグフレーション現象が１９６０年後半の英国で起こり、１９７０年代のアメリカもこれに悩まされました。このような現象がユーロ圏を襲おうとしているといわれます。物価が安定している日本はまだデフレ経済ですんでいるのです。

10　東日本大震災の直後も円が異常に急騰

震災直後の２０１１年3月16日、日本円が10分間に何と４・３％も上昇し最高値の76・25円になりました。これは明らかに投機家のせいでしょう。彼らは先回りして円高要因を待ち構えていたのです。普通に考えれば大災害に襲われた国の通貨は下がるはずですが、投機家はいろいろのことを連想します。

阪神淡路大震災の直後に円が急騰したこと、あるいは、保険会社が災害保険請求のため日本にお金を送る等の予想です。たとえばアメリカのハリケーン災害では400億ドルの記録的な保険請求があり、今回の日本の場合、それをはるかに上回る2000億～3000億ドルの損害請求が発生するというのです。ところがそのような巨額の送金があった証拠は実際にはなかったそうです。また経常収支黒字国の日本でも災害のせいで黒字を海外投資に回す余裕はなくなるので、円安要因も消えるという憶測もあったようです。要因は他にもいろいろあるでしょう。

しかし筆者が投機家なら、世界から義援金、見舞金が日本にどっと送られると踏みます。世界的な援助大国だった国で、しかも災害の時もしっかり復興に立ち上がる国民を見た世界の人々の多くが恩返しの意味もこめて支援しようと思うでしょう。世界から日本に援助のお金が殺到するので円が買われると。投機家はそのように予想したことも考えられます。国際収支上、移民などによる本国家族への送金はけっこうな額になるのです。

11　経常収支赤字化が国債発行の外国依存につながる？

国債発行がうまく消化できるか否かの問題は、その国の成長の展望にあり、経常収支の尻いじりの問題ではありません。

日本が31年ぶりに貿易赤字になった点を憂慮する向きが強いようです。これにより、日本は経常赤字になり、財政赤字は国内の資金だけでは賄えなくなるといいます。

では経常収支の赤字が常態化している米英はどうなのでしょう。この2国の国債保有に占める外国保有比率は30％程度です。金融危機の起きた２００７年から２０１１年にアメリカでは、25％が31％へと増加しています。外国の資本が米国を安全な逃避先としているからです（表1、45頁）。

ちなみに、経常収支黒字国の国債にしめる外国資本の比率は意外に高いのです。例えばドイツ。その比率は２００７年には49・４％、２０１１年にはなんと62・７％になっています（表1）。利回りがマイナス金利になるほどドイツ国債に対する外国の需要や信頼が高いのです。この比率をもってドイツ国家の財政は外国の借金に頼っているという人はいないはずです。財政の安定しているオランダの国債の外国保有比率も高い。同じく外国保有比率の高いギリシャ、アイルランド、ポルトガルと比較することに意味はないでしょう。

巷の議論で行けば、経常収支黒字で財政赤字のそれほど深刻でないドイツの国債消化には外国資金が入らないはずです。ところがドイツの国債に占める外国人の比率は日本よりもはるかに高い。外国人が経常収支赤字の英米の国債を買い、経常収支黒字のドイツの国債も買うのですから、経常収支赤字の埋め合わせをしているという話ではないのです。

経常収支赤字が恒常化している米国をみても、経常収支尻はそれ自身だけでは経済の良い悪いを判定する要因にはなりません。米国の企業は海外に展開する自社組織の間で国際取引の多くを手がけており、２００６年の時点でも、米国の国際商品取引のおよそ40％は企業内貿易です。この結果が、米国の経常収支赤字の膨張です。この赤字化は、グローバル化経済における米国企業のアウトソーシング戦略と理解するほうが妥当でしょう〈米倉③〉161〉。経常収支赤字化は企業収支黒字化と一体として評価すべきでしょう。本章の4節でも紹介したとおり、米国の企業には2兆ドル近くの現金があります。

少し話は古くなりますが、アップル社が開発した携帯音楽端末ｉＰｏｄは、部品が４５１個、その定価は２９９ドルでしたが、部品供給企業と組み立て企業の付加価値ベースの製造コストは合計１４４ドルにすぎません。しかも、それまでの間には幾重もの工程が絡まっており、「世界の工場」と言われるはずの中国の取り分は4ドル程度にすぎません〈米倉③〉211〜213,219〉。米国は大幅な経常収支赤字国であり、その一方、中国は大幅な黒字国のはずですが。

むすび――ユーロ危機はリーマン・ショックと同根、その延長

2011年1月のチュニジアの大統領の亡命、次いで2月のエジプトの大統領の退陣、そして8月下旬のリビア・カダフィ体制の崩壊に示されるとおり、強固な支配体制だったはずの独裁的国家もあっという間に崩壊しました。

欧州でもギリシャ国家債務問題の炎はユーロ周縁諸国から世界で第3に大きな債券市場のイタリアにも迫りました。**金融も政治の世界と同様、ドミノ現象が起こる**のです。サブプライム関連証券に典型的な、安全でリスクが低いともてはやされていた金融商品も高格付けを失い市場で値がつかないガラクタの毒入りまんじゅう資産に劣化しました。今日のユーロ・ソブリン危機の示すとおり、リスク・フリーのはずだった国債も市場の信認を失いました。まさに政治の世界のドミノの金融の世界への転移です。

では最後に、**今回信用不安がユーロ圏に集中した理由**をまとめておきましょう。まず第1に、ユーロ圏の銀行は自己資本が過小だったこと。それにもかかわらず高レバリッジに走り、特にドル資金依存を深めてしまい、サブプライム問題で痛い目にあいました。その整理をつけず自己資本を強化しないままユーロ国債の購入に向かいました。信用リスク感覚の稀薄さが暴露されたのです。

第2に、ユーロ圏内のインバランスが拡大し、是正されることもなく、国債バブルで隠蔽され続

けてきました。ギリシャ財政粉飾問題でようやく問題の深刻さが明るみになった次第です。

要するに、ユーロ圏の銀行は過小資本のまま「大いなる安定」期の信用膨張に乗っかっていたのです。サブプライム証券に代表される不動産バブルとユーロ国債バブルというダブル・バブルにどっぷりつかった挙げ句の果て、ユーロ信用不安のつけが回ってきたのです。

視点をかえれば、統一通貨ユーロの導入以降、ユーロ圏内では圏内版の南北問題ともいえるフィナンシャル・インバランスが進行し、それが国債バブルの問題へと発展したことになります。しかもユーロ圏では、そのバブルはサブプライム問題に絡む不動産バブルと同時進行していたのです。さらに過小資本の問題は、リーマン・ショック後も続いていました。米国のほうはそれなりに解決する方向にあったのに。

こうしてユーロ圏の銀行は世界レベルのフィナンシャル・インバランスばかりでなく、圏内のフィナンシャル・インバランスの崩壊に相次いで直面したのです。ユーロ圏に特有の打撃だからこそ、今回の信用不安はユーロ信用不安に凝縮されたわけです。以上、信用不安がユーロ圏に集中せざるを得ない理由をまとめてみました。

この点に関し、ＥＣＢ前総裁のトリシェの弁は印象的です。「目下の危機において、先進諸国のすべてがレントゲンにかけられ、骨と皮と脆さがさらけ出されている」（2011年10月14日）。

このような気の利いたレトリックを前総裁が簡単に思いつける理由はどこにあるのでしょう？

ユーロ圏に特有な、自己資本の過小な銀行の「骨と皮と脆さ」を目の当たりにしていたからではないでしょうか？

トリシェの退任挨拶も印象的です。「戦後66年で初めて、先進国の金融システムがグローバル危機の震源地になった」（2011年10月19日の退任式典）。もちろん、トリシェは、この「震源地」がどこにあったのか、一番強く意識していたはずです。

本書も及ばずながら、ユーロ圏の信用不安を焦点にすえて、グローバル・フィナンシャル・インバランスを「レントゲン」にかけ、超リーマン・ショックを引き起こしかねないユーロ圏の金融システムの「骨と皮と脆さ」をあぶり出し、分析してきた次第です。

略記

ＢＩＳ：国際決済銀行：Bank for International Settlements
ＣＤＳ：債務不履行保険：Credit Default Swap
ＥＣＢ：欧州中央銀行：Europen Central Bank
ＥＦＳＦ：欧州金融安定基金：European Financial Stabilisation Facility
ＥＳＦ：為替安定基金：Exchange Stabilisation Fund
ＥＵ：欧州連合:European Union
Ｆｅｄ：米国の中央銀行の連邦準備制度：Federal Reserve System。なお、ＦＲＢは Federal ReserveBoard（連邦準備理事会）の略記であるが、本書ではこの2つをＦｅｄで一括表記
ＦＴ：フィナンシャルタイムズ紙：Financial Times紙
ＩＭＦ：国際通貨基金:International Monetary Fund
日経：日本経済新聞
ＰＩＩＧＳ：ポルトガル、イタリア、アイルランド、ギリシャ、スペインをユーロ国家債務問題諸国として一括する呼称
ＳＥＣ：米国証券取引委員会：Securities and Exchange Commission
ＷＳＪ：ウォールストリートジャーナル紙：Wall Street Journal紙

参照文献

本文に引用する場合は、参照文献か著者を略記し頁番号を付している（たとえば<Paulson>238)。

外国語引用文献

w. Bagehot, ***Lombard Street', a Description of the Money Market,*** 1924,14ed.）宇野弘蔵訳、『ロンバード街』岩波書店、1941年（頁表記は訳文)

Bank for International Settlements, ***79 th Annual Report 2009,*** 2008 April 1- 2009 March 31（<BIS①>)

——Working Papers No 348, “The international propagation of the financial crisis of 2008 and a comparison with 1931”, by W. A Aleen and R. Moessener, Monetary Department, July 2011（〈BIS②〉)

Bank of England（BOE）, ***Financial Stability Report,*** June 2011（〈BOE①〉)

②Bank of England, ***Financial Stability Report,*** December 2011,（〈BOE②〉)

G.Brown, ***Beyond the Crash - overcoming the first crisis of globalization,*** Free Presss, 2010

European Central Bank, ***Monthly Bulletin***（〈ECB①〉)

——***Financial Stability Review***（〈ECB②〉)

P. De Grauwe, “Eurozone Bank Recapitalisations:Pouring water into a leaky bucket”, Center for European Policy Studies（CEPS）, 24 October 2011

P.De Grauwe and Y. Ji, “Mispriscing of Sovereign Risk and Multiple Equilibria in the Eurozone”, CEPS, Working Document, No.361,January 2012(<De Grauwe &Ji>)

A. Greenspan, “Balance of Payments Imbalances”, At the Per Jacobsson Foundation Lecture at the International Financial Corporation in Washington, October21,2007（〈Greenspan①〉)

——*The Age of Turbulence*,Penguin Books（Expanded Edition）,2008〈Greenspan②〉）
H. Hannoun, Deputy General Manager of the BIS, "Sovereign risk in bank regulation and supervision:Where do we stand?" Financial Stability Institute High-Level Meeting, Abu Dhabi, UAE, 26 October 2011
International Monetary Fund（IMF）,*World Economic Outlook*,April 2009（〈IMF①〉）
——"Initial Lessons of the Crisis", February6,2009,prepared by the Research ,Monetary and Capital Markets,and Strategy,Policy, and Review Departments（〈IMF②〉）
——*Global Financial Stability Report*,October 2010（〈IMF③〉）
——*Fiscal Monitor*（〈IMF④〉）
S.Merler& J. Psani-Ferry, "Who's afraid of Sovereign Bonds?"Bruegel Policy Contribution, 2012 Febuary
H.Minsky, *Can "It" Happen Again ? - Essays on Instability and Finance* ,1984（First paperback printing）
Organisation for Economic and Coopertion Developemnt（OECD）, *Economic Outlook*,Vol.2 ,2011/2,2011
H. M.Paulson,Jr., *On the Brink - Inside the Race to Stop the Collapse of the Global Financial System*, Business Plus, New York, 2010
H.Tietmeyer,*Herausforderung Euro - Wie es zum Euro cam und war es für Deuchlands Zukunft bedeutet* ,2005,Carl Hanser Verlag, Munich/FRG, 村瀬哲司監訳,『ユーロの挑戦』京都大学学術出版会, 2007年（頁表記は訳文）
Valukus　Report:*Report of Anton R.Valukus ,Examiner*, March 11, 2010（〈Valukus〉）

邦文引用文献

岩野茂道「ドル本位制の構造」、岡本悳也・楊枝嗣朗編著『なぜドル本位制は終わらないのか』文眞堂、２０１１年、第１章
斎藤淳『進化する欧州中央銀行』日本経済評論社、２００６年

内閣府『世界の経済潮流　２０１１年Ⅱ』内閣府、２０１１年〈内閣府〉
日本銀行「金融システムレポート」〈日銀①〉
――日本銀行総裁のフランス銀行での講演 Banque de France, Financial Stability Review, No.15, 2011,〈日銀②〉
古内博行『現代ドイツ経済の歴史』東京大学出版会、２００７年〈古内①〉
――「２００７／08年ドイツ金融恐慌の発生と新たな不況の到来」千葉大学『経済研究』第24巻第1号、２００９年6月〈古内②〉
米倉茂『サブプライムローンの真実―21世紀金融危機の「罪と罰」―』創成社、２００８年〈米倉①〉
――『新型ドル恐慌―リーマン・ショックから学ぶべき教訓』彩流社、２００９年〈米倉②〉
――『変幻進化する国際金融』税務経理協会、２００７年〈米倉③〉

図・表　索引

図

図1　ユーロ圏の銀行の内憂外患の構図　7
図2　欧州主要国輸出依存度の比較　30
図3　ドイツとユーロ南欧諸国の製造業単位労働コストの推移　32
図4　ドイツとその他のユーロ圏諸国の10年物国債利回り格差の推移　34
図5　ユーロ圏の銀行の過小な自己資本がサブプライム危機、ユーロ国家債務危機で押しつぶされる構図　54
図6　米国の商業銀行の関連外国支部に対する純負債とＦｅｄによるドル・スワップ残高　69
図7　投資銀行の担保再流用による信用の膨張と収縮　78
図8　なぜか四半期末に集中するリーマン・ブラザースのレポ１０５の利用状況　81

図9　欧州の銀行の資金調達に占める預金の比率　98
図10　欧州中銀（ECB）による「裏口」からの国債価格支持政策とイタリア、スペインの10年物国債利回りの動き　129
図11　欧州中銀（ECB）の「裏口」からの国債購入資金の市場への供給とその効果（LTRO策）　141
図12　ユーロ圏の銀行の新興諸国向け債権　146
図13　先進諸国の政府債務残高の対GDP比　165

表

表1　ユーロ圏諸国と英米の部門別国債保有状況　45
表2　米国の商業銀行のバランスシートにおける諸項目の変動　68
表3　2008年後半の世界の商業銀行の対外純債務の変動　68
表4　欧州ソブリン債務問題3国の9年物国債利回り比較　167

著者……**米倉茂**（よねくら・しげる）

経済学博士（東京大学）。1950年、鹿児島県生まれ。83年東京大学大学院経済学研究科博士課程単位取得退学。87年に佐賀大学経済学部助教授、98年同学部教授。著書『新型ドル恐慌』（彩流社）『サブプライムローンの真実』（創成社）『変幻進化する国際金融』（税務経理協会）など。

装丁………佐々木正見
ＤＴＰ制作………勝澤節子

すぐわかるユーロ危機の真相

どうなる日本の財政と円

発行日❖2012年5月15日　初版第1刷
　　　　2012年7月20日　　　第2刷

著者
米倉茂

発行者
杉山尚次

発行所
株式会社言視舎
東京都千代田区富士見2-2-2 〒102-0071
電話03-3234-5997　FAX 03-3234-5957
http://www.s-pn.jp/

印刷・製本
㈱厚徳社

ISBN978-4-905369-31-8 C0033